思い通りの人生に変わる
女子のための仕事術

会社では教えてくれない
女性のための
ビジネス作法とルール
–36–

株式会社Woomax
代表取締役
竹之内幸子

ダイヤモンド社

はじめに

I'm OK.（私もいい）
You are OK.（あなたもいい）

つまり「みんな違って、みんないい」。

そう言える世の中を作っていきましょう。

男女問わず、いろんな属性や価値観を認め合い、活用していこうというダイバーシティのベースは、こうしたシンプルな考え方にある。そんなふうに思っています。

「女性のチカラを組織の中で最大化していく」というビジョンのもと、株式会社Woomax（ウーマックス）という会社を立ち上げてから、3年がたちました。

この間、管理職に就く女性もポツポツと現れ、研修などで会社を訪問しても、若い女性たちが一生懸命働いている様子が目に飛び込んできます。

そして、多くの女性のみなさんが感じているように、日本はまだまだ男性社会。世の中が変わりつつあるといっても、組織で働くということは、いまだ男性的価値観のもとに作られたゲームに参加するようなものです。

けれど、肝心のゲームのルールを教えてもらえないまま、「前へ進め」「上をめざせ」とお尻を叩かれ、右往左往している。そんな方も多いのではないでしょうか。

もし、あなたが頑張っているのに「I'm not OK（私ってダメなのかな……）」になっているとしたら、ルールの存在を知らないだけかもしれません。

かつての私もそう。頭をぶつけてばかりでした。

だから、後輩女性のみなさんには、私のような回り道をしてほしくない。

そんな思いから、本書を作ることを決意しました。

ただし、その目的は、男性を打ち負かすことではありません。また、男性のやり方に従おう、ということでもありません。

みんな、「ゲームを楽しむ状態になりましょう」というメッセージです。

私たちが向かうべき先は、男女が肩肘張り合う世の中ではありません。

「男女平等」を実現することでもありません。

冒頭で触れたように、お互いに異なる属性、価値観を認め合い、コミュニケーションをしていくなかで、理解を深めていく。

その先にこそ、誰にとっても居心地のよい組織があり、ハッピーな働き方がある。

もっともっとワクワクするような世の中が待っている、と私は信じています。

仕事はもちろん、家庭や夢も大切にしたい。

そう考える女性は少なくないでしょう。

私は、自分が描くワークライフデザインを通して働き方を考えることで、人生がより輝くと思っています。

本書が、そんな世の中を作っていく一助となり、「自分らしい幸せをつかみたい」と奮闘中のみなさんへの応援歌になれば――こんなにうれしいことはありません。

思い通りの人生に変わる　女子のための仕事術

目次

CONTENTS

CHAPTER 2
幸せになるキャリアプランの考え方

CHAPTER 3

ワークライフデザインで人生を豊かに

PROLOGUE

30代後半でたどり着いた〝やりたい仕事〟のスタートライン

「37歳の女に、今から新しいことなんて学べるの？」

私が中小企業の経理担当から、営業支援コンサルティングの会社に転職する際、面接で言われたセリフです。

5歳年下の32歳の男性上司からでした。

細かい言葉の使い方は多少違ったかもしれません。

「35歳転職限界説」がささやかれていた当時、「おばさんにできるの？」という世間の見方を冷静に受け止めつつ、「これは結果で応えていくしかないよね」と密かに決意したことを覚えています。

その2年後。

心に誓った通り、チームの中で成果を上げた上で、円満退社した私は、ずっとやりたかった女性活躍支援のビジネスを立ち上げるために人財育成会社に転職。その後独立し、今に至ります。

なぜここまでこられたのか。

それは、私の能力がどうこうというより、30歳を過ぎたころ、ようやく社会のルールの存在に気づいたことが、きっかけになったように思います。

つまり、冒頭のようなセリフをぶつけられたとしても、慌てず騒がず。**組織のベースにある男性的価値観に歩み寄り、理解し、その上で自分らしく仕事に取り組めるようになったことが大きい**のです。

それまでは空回りの連続、でした。

「竹之内さんって、子どものころから優秀で、キャリア志向だったんでしょ」

などと勘違いされることがあるのですが、とんでもない！

私のキャリア人生は、まさに遅咲きも遅咲き。山あり谷あり、やっとここまでたどり着いたというのが真相なのです。

ユニークな両親のもとで育まれたトンデモ？価値観

まず、私が今の仕事をするようになったルーツともいえる、自身のユニークな生い立ちに少し触れておきたいと思います。

「地震、雷、火事、親父」という言葉があります。

世の中のコワいものを順に並べた言葉ですが、私と同世代ぐらいなら、「たしかにウチの父は亭主関白で頑固。母は苦労の連続だったわ」という人もいるのではと思います。

しかし、私の両親は、それとはまったく逆の関係性でした。

昭和一桁生まれながら、キャリアウーマンの先駆けのような母。

同世代なのに、今の草食男子の走りというのか、仕事より趣味優先の父。私に読書や歌舞伎、バレエなど、いろんな楽しみを教えてくれたとってても優しい人ですが、イヤなことがあるとすぐに会社を辞めてしまい、転職してしまう。もちろんずっと平社員でした。

こうした両親のもとで育つと、どんなトンチンカンな価値観が育まれるか。

私は、ずいぶん長い間、次のように思っていたのです。

「女性のほうが優秀で仕事ができる」

逆を言えば、仕事ができない男性がいても、

「男性だから仕方がない」


当時の男女差別とは、逆の意味でヒドい差別意識ですが、そんな刷り込みに1ミリの疑いも抱くことなく、人生を送ってきてしまったのです。

もちろん、新卒で入った会社では首をかしげることがたびたびありました。

「なんで課長以上は、全員男性なんだろう」

「あの女性の先輩のほうが仕事できるのに、なんでアシスタントなんだろう」

しかし、私自身、明確なキャリアプランもないまま、25歳で結婚、出産。夫の転勤で退社したため、男性が作った暗黙のルールの存在には気づかずじまいでした。

その後、紆余曲折を経て、中小企業の経理担当として再就職。そこでの手痛い数々の失敗を経て、ようやく気づいたのです。

どうやら、**会社は男性が作ったルールで回っている**、らしい、と。

目からうろこの衝撃的事実でした。

仕事のルールは男性に有利になっている⁉

たとえば、こんなことがありました。

パソコンがちょうど普及し始めたころ、経理担当者だった私は上司に何度も意見したことがあります。

「私は、即、ＩＴ化を進めるべきだと思います！」

けれど、周囲はまったく耳を貸してくれません。

（ウチの上司はそんなこともわからないのかしら。だから男性はまったく……）

グスグスとくすぶっていたある日、驚くべきことが起きました。

男性の同僚が会議で私とまったく同じ意見をしたところ、会社の全員が手のひらを返したように「○○君の言う通りだ」と賛成したのです。

（私のほうが、もっと早く、同じことを言ってたのにナゼ？）

正確には、私と同僚の男性の発言の仕方には大きな違いがあったのですが、長らく頭の中に「？」と「！」マークが渦巻いていたことを記憶しています。

詳しくは、次章でその詳細を解説していきますが、みなさんも、男性の上司や同僚と接するなかで、「？」「！」と感じることが多々あるのでは？

「いろいろと提案をしているのに、『とりあえず黙って言う通りやって』と言うばかりで、上司が聴く耳を持たない」

「私が置かれている状況にまったく関係なく、上司が仕事を振ってくる」

あるいは、

「男性上司のむちゃな命令にも、なぜ男性部下は文句一つ言わずに、従えるんだろう」

などなど。

個人差があるということを大前提に言いますが、こうした言動は男性に多く見られる集団的傾向です。

そして、まだまだ男性社会の日本の企業では、女性にとって「?」「!」であっても、彼らの価値観のもと、行動することが求められるシーンも多いのです。


本書では、こうしたありがちな特性、傾向を男性脳、女性脳という言葉で解説していきます。

じつは**男性の脳と女性の脳には、生物学的な特性の違いがあり、それが男性的気質、女性的気質に影響している**と言われています。

もちろん、必ずしも男性だから男性脳、女性だから女性脳で動くというわけではありません。男性、あるいは女性に見られがちな言動や思考スタイルの元となる価値観の違いとして理解してください。

そして、大事なことを言っておくと、どっちがよくて、どっちがダメということではありません。ダイバーシティの最終的な目標は、それぞれの価値観を活かし合うことです。

そのためには、まずは女性のほうから歩み寄って、男性脳を理解しましょう。その上で、おかしいルールは変えられるよう力をつけましょう。そして、女性的価値観をも大事にする社会を作っていきましょう！という作戦です。

何を大切に思うかは人それぞれ

では、何が違うのか。まずは身近な例で考えてみましょう。

たとえば、あなたが子どものころに楽しんだ遊びはなんだったでしょう。

男の子は悪者をやっつける〝ヒーローごっこ〟、女の子は人形で役割を演じる〝おままごと〟に夢中だったのではないでしょうか。

男の子が好きなヒーローごっこは、悪者とヒーローがいて、戦いによる勝ち負けが明確です。そして、成長すると、ヒーローごっこから野球やサッカーといったスポーツを楽しむようになります。野球やサッカーは勝つためにチームを組み、命令は絶対で、結果を出すことを重視します。成果を重視する遊びといってもよいでしょう。

女の子が好きなおままごとに、勝ち負けはありません。会話を楽しみ、役割になりきって演じます。そして、大きくなると、友だちと一緒にプリクラを撮って「ずっと仲よし♡」と書き込むといった、プロセスそのものを楽しみます。

このように、勝ち負けにこだわり、成果を重視するのが、比較的男性に見られる考え方。男性脳の価値観です。そして、会話のコミュニケーションを楽しみ、プロセスにおける充実感を重視するのが、女性に多く見られる傾向で、女性脳の価値観といえます。

では、男性脳、女性脳の価値観の違いを、ビジネスシーンにあてはめて考えてみましょう。

たとえば、プロセスと成果では、どちらが重視されるのか。

「で、前置きはいいから数字は？」

と、結果ばかりを促される。

「いくら頑張ったって、成果が上がらなきゃ意味ないんだぞ」

とハッパをかけられる。

こと、男性上司とのやりとりでは、このような経験をしたことがある人も多いと思います。

そう、**「頑張りを認めてほしい」というプロセス重視の価値観は、男性脳の上司には残念ながらなかなか通用しにくい**のです。

スキルとして磨きたい〝相手矢印〟の姿勢

私がこうした男性脳と女性脳の違いに気づいたのは、先に挙げたような失敗を経て、心理学やコミュニケーションの本を読むようになったのがきっかけでした。

そもそも、小さいころから本が好きだったこと。「あの人がこういう発言、行動を起こすのはなぜなんだろう」と分析するのが好きだったこと。

さらに、自分とは違った人間がいると、面白くて近づいてしまうという、いわば〝ダイバーシティ的気質〟が備わっていたこと。ユニークな両親のもとで育てられ、男女差に関する一般的な刷り込みがなかったことも影響したようです。

そして、周囲の男性の言動も注意深く観察しつつ、「こういうふうに話せばいいのかな」「あの人の性格を考慮して、こうやってみようか」と、考えて実践するように心がけました。


すると、どうでしょう。

相手の反応が面白いように変わってきたのです。


だから、女性のみなさんに声を大にして言いたいのです。

男性上司や同僚、あるいは夫や彼氏の言動に「マジ信じらんない」「ワケわかんない」と思っても、シャッターを下ろしてしまうのではなく、男性的価値観を理解しようと歩み寄ってみましょう。

私のモットーは**「相手に花を持たせ、実をとるキャリアを！」**。

相手に歩み寄って、〝花を持たせる〟ことで、〝実をとる〟。

結果、働きやすさもアップし、自分の評価にもつながってくるのです。当の私がそうだったのですから、実証済みです。

これは、男性脳の人に対してだけの話ではありませんが、

私は、〝相手矢印〟という言葉をよく使いますが、**相手の立場、視点に立って、物事を考える。つまり〝相手矢印〟の姿勢を心がけることで、周囲の反応はガラリと変わります。**

逆は〝自分矢印〟。自分のことばかり考えて行動する自分本位の姿勢を指します。

具体的には、おいおい解説していきますが、たとえば、お客様へのサービスや商品を考える際にも、〝相手矢印〟の考え方が求められますよね。

じつは本来、共感型で、相手の気持ちを察することができる女性脳の人は、相手目線で求められているモノやサービスなどを考えることが得意なはずなのです。

みんなが働きやすい、親和性の高い組織を作るのもお手のモノのはず。

時代が変わりゆく今、会社都合や男性的価値観が支配してきた社会に、〝女性の参加〟が求められているのは、時代の要請でもあるのです。

息子に教えられた〝相手矢印〟の生き方

女性が働く上で、現在、大きなハードルとされているのが結婚や育児と仕事の両立です。

育児休暇が制度として完備されていても、育児との両立はそう簡単ではありません。せっかくキャリアを積んでも、あきらめてしまう女性が多いのも現実です。

けれど、ちょっと視点を変えてみてほしいのです。

育児では、忙しいなかでの時間管理、予測不能なことが起こった時のためのリスク管理など、仕事でも必要とされるスキルが問われるシーンも数多い。

また、子どものことを第一に、なんの見返りも求めずに子どもを守り、一人前になるまで育てていく覚悟が求められます。

そう、**育児こそが究極の〝相手矢印〟のマインドが育まれるプロジェクト**でもあります。

さらに言えば、子どもが成人するまでの20年間ぐらいを費やす、長期一大プロジェクトです。となれば、周囲の協力を取り込むための〝リーダーシップ〟も欠かせません。

そう考えれば、育児と仕事は決して相反する関係ではありません。

それぞれの経験を経て、お互いにそのスキルを高め合える関係にあるのです。

私自身、25歳で結婚、出産したものの、じつは1年で離婚。シングルマザーとして発達障がいを持った息子を育ててきました。

今こそ、理解のあるパートナーを得ましたが、当時、ひとりで働きながら、ハンディキャップを持つ子をどう育てていくのか。

迷っているヒマなしの状況で、真剣に考え抜きました。

そして、息子と共に向かうゴール、幸せの形を、こうイメージしたのです。

「この子だからこその個性や特性を活かした〝役割〟を持たせ、周りの人に何かをギブ（提供）できる力をつけてほしい」

「人からお世話になるだけでなく、〝ありがとう〟と言われる人生を送ってほしい」

そのために、仕事を続けながら、周囲の人たちにも自身の思いを伝え、サポートをお願いしてきました。

小さかった彼ももう23歳。某小売業でスタッフとして働いています。

できないことはもちろんあります。けれど、器用な手先、根気強さを活かし、店頭のPOPを作る際に用紙を切ったり、貼ったりなど、細かな作業で大活躍しているとか。他店からもご指名で依頼がくるほどになったと聞きました。


そう。この本でもう一つ伝えたいことは、**誰もがゴールをしっかりイメージし、一歩一歩進めば、そこに到達できる**ということです。

それが人としての自立、ハッピーな働き方、生き方につながるのです。

もちろん、幸せの形、大事にしたい価値観は人ぞれぞれ。

「みんな違って、みんないい」

人とは違う〝個性〟を持って生まれた彼は、そのことを身体を張って教えてくれました。

ずっと、〝自分矢印〟でわがままに生きてきた私が変わることができたのも息子のおかげです。

彼の自立、幸せな人生というゴールに向けて、脇目も振らずに邁進することで、〝相手矢印〟で生きる喜びを味わい、やりたい仕事にたどり着くことができました。

これは、彼が私にもたらしてくれたかけがえのないギフトといっていいでしょう。

そして、自分自身で幸せのゴールを決め、少しずつ目標をクリアしていけば、その過程で、大変なことはあっても、決してツラくはないはずです。

自分が向かうべき道に進んでいると信じられればこそ、私も「大変」に感じたことはあっても、「ツラい」と思ったことはありませんでした。

今、あなたが先が見えないキャリアの坂道で茫然と立ち尽くしているとするならば、自分の内に向いているベクトルを少し外に向け、向かう〝頂上〟をイメージしつつ、ゴールに近づいていく喜びをぜひ味わってほしい。そう願っています。

次章から、お悩み別に具体的なアドバイスと、私が多くの方々からいただいた数々のギフトを、そっくりみなさんにお贈りします。ぜひ参考にしてください。

CHAPTER 1

女性らしさを活かして
キャリアを積もう

MESSAGE 01

仕事で〝私〟を主語にしたら絶対ソン！

PROBLEM 01

「早く認めてもらいたい」と思って、アイデアを積極的にアピールしているのですが、なかなか仕事を任せてもらえません。同じことを言ったりやったりしても、同期の男性のほうが気に入られているようで、正直、ヘコみます。

「私は、この仕事をやりたいです」「私のアイデアを聞いてください」

そんなふうに頑張って自分をアピールしていけば、いつか努力は報われるはず――。と、申し上げたいところなのですが、残念ながらうまくいかないこともあるんです。

「えっ、ナゼ！」と思われるでしょうか。

じつは、マジメで仕事熱心な女性ほど、こうした言い方で誤解され、チャンスをも逃しがち。もったいないと言わざるをえません。

それってなぜなのでしょう。そう、男性脳と女性脳の違いです。

冒頭の「私は〜やりたい」というセリフ。男性脳はそれを聞いてどう反応するのでしょうか。

驚かないでくださいね。

「お前個人の意見だろう？」「単なる思いつき？」などととらえがちなのです。

言葉の裏に「会社の業績につながる」「社会的に役立つ」といった思いがあったとしても、**「私は」という主語を出すと、男性脳には単なる個人的な意見だととらえられてしまう**ことが多いのです。

なぜなのか、説明しましょう。

男性脳は、「客観性」を大切にし、社会や組織の中の自分という軸で、行動します。つまり、組織の一員としてどうするべきか、どう見られるかを考える。

一方、女性脳は「自分がどう思うか」「自分にとってどんな意味があるのか」が大事。「主観性」を重視し、「私」を主人公に、「私はこう思う」といった、いわゆる「私主語」なコミュニケーションをしがちです。

プライベートなら構いません。しかし、仕事となると話は別なんです。

会社とは、いわば主人公不在の舞台で、脇役の全員が力を合わせてストーリーを紡いでいく場だからです。


では、どう意見を出すべきなのでしょうか。

「世の中のニーズやトレンドはこうなっている」「社会的にはこうです」といった**客観的なエビデンス（証拠）を挙げる。数字やデータを用いるなど、具体的な指標で意見を裏付ける。**これが正解です。

前章で紹介した、「私は、即、IT化を進めるべきだと思います！」と、何度も提案して玉砕した失敗エピソードも〝私主語〟が元凶でした。

その後、すんなり会社のGOサインをもらった男性の同僚はどう提案したのでしょう。

「社会全体として、経理もIT化の方向に進んでいます。ですから、我が社も～」

といった〝社会・会社主語〟で発言したのです。

同じことを言っていても、主語を変えるだけで、発言の印象は大きく変わるものなんですね。

遅まきながら、間違いに気づいた私。〝私主語〟を封印し、言い方を変えるようにしました。

すると、**面白いように、自分のプランが通るようになった**のです。

あなたも、「私は～したい！」という気持ちがムクムクと沸き起こってきた時こそ、男性脳的発想に切り替えましょう。

そして、目の前の仕事で結果を出していけば、上司の反応も変わってくるはずです。

MESSAGE 02

思わぬところで見られている あなたの〝細かな〟仕事ぶり

PROBLEM 02

上司のアシスタントが主な仕事ですが、ファイルの整理や会議室の予約、資料の製本など雑用ばかり頼まれます。正直、「アルバイトみたいな仕事をするために会社に入ったんじゃないのに」と思ってしまいます。私の考え、間違ってますか？

日の当たらないフォロー業務ばかりで、クサり気味のあなた。気持ちはわかりますが、まずは次のアドバイスをさせてください。

あれこれ目移りをせず、目の前のこと、つまり手持ちの札で勝負をしましょう。

当たり前すぎて、「なーんだ」と思うかもしれません。

でも、めざすのは100点ではなく、120点。ここが肝心です。


たとえば、ファイルの整理をする際、あとで使うときに活用しやすい方法について考えたことはありますか?

「ファイルに資料をとじておけばいいんでしょ」

たしかにそうかもしれませんが、たとえば「このファイルは欲しい情報がすぐわかる」と言ってもらうためには、どのように整理するのがベストなのでしょう。私も経験がありますが、意外に工夫のしがいがあるものですよ。

「どうせアシスタントだし」と、細かい作業を軽く見ずに、少し目線を上に向け、考え方を変えてみませんか。

「神は細部に宿る」という言葉があります。

建築のデザインに関する言葉で、細部をおろそかにしては全体の美しさは得られないといった意味です。

たとえば、ファッションに置き換えても同じで、いくらオシャレな服を着ても、靴が汚れていたり、ネイルがはげていたりしたら台無しですよね。

これはビジネスにも当てはまる話です。つまり、

「きちんと挨拶をする」「資料をわかりやすく整理する」

といった、**細かい部分へのこだわりこそが、あなたという人間全体の印象を決める**のです。


若いころは、「スタンドプレーを発揮して認めてもらわないと！」と思いがちですが、仕事の本質的なことは、〝細部〟にこそ宿るのです。

さらに、〝縁の下の力持ち〟的な仕事もおろそかにせず、できるかどうか。人は意外にそういうところをチェックしているものなのです。

特に男性脳の上司は、言葉より、目に見える行動、結果を重視します。

どんな仕事であれ、結果をしっかりと出した人間には、それなりの評価をします。「これをやりたい」「あれをやりたい」と言っているだけではダメで、結果を出してこそ、「じゃあ、ほかの業務も任せてみるか」という流れも生まれるのです。

そして、会社は地味な日の当たらない仕事をしている人をしっかりと見ています。隣の部署の課長だったり、まったく違うチームのリーダーだったり、といった自分が知らない上層部の人たちも、意外に若手社員の働き方を見ているものなのです。

だから、万一、今の上司と「馬が合わない」「だから正当に評価してくれないんだ」と悩んでいるとしても、安心してください。

地味な仕事でも、クサらずにやっていれば、必ず評価してくれる人がいるものです。

世の中、それほど捨てたものじゃありませんよ。

まずは、目の前の仕事で120点の成果を出す。

上司に「提案をしたい」「認めてほしい」ことがあっても、急がば回れ。〝手持ちの札〟でコツコツ勝負しましょう。

MESSAGE 03

〝察してチャン〟は卒業しましょう

PROBLEM 03

仕事を終わらせるために、ランチ休憩もそこそこに、デスクにかじりついて仕事をしているのに、上司からはねぎらいの言葉もなく、仕事がドンドン振られるだけ。もう我慢の限界。いっそ、仕事を放棄して困らせてやろうか、なんて……。

たとえば、元気がなさそうな女性の友人がいて、「大丈夫？」と声をかけたら、「大丈夫」という答えだけが返ってきたとします。

あなたなら、どう対応しますか。

「ホントに平気？　何かあったら話してみなよ」

と、言外に込められた感情を察知し、事情を聴いてみる。

女性脳の人なら、こうした行動に出る人が多いのではないでしょうか。

そう、女性は何も言わずとも、細かい表情の変化や感情の起伏を察するのが得意です。だからこそ、自分自身も言葉にしなくとも「察してほしい」という欲求も強い。

それは**女性脳の価値観が感情を重視し、共感し合うことに喜びを感じるから**です。

しかし、男性脳はそうしたことが苦手です。

「大丈夫」と言われたら、「あっ、そう」と言葉通りにとらえてしまいがち。

彼女や奥さんが、せっかく髪を切ったり、メークを変えたりしても、まったく気づかない男性も多いですよね。

でも、悪気はないんです。

ただ、そうした細やかな変化を感じることが苦手なだけで……(笑)。

このお悩みも、「ランチ休憩もせずに頑張っている」状態を、上司に「察してほしい」のでしょうが、男性脳にそれを求めるのはなかなかキビシい。

そもそも、言葉に出さずして、「私のことを察して!」というのは、自分本位の〝自分矢印〟な言動ととらえられがちです。

仕事では、**潔く「察してチャン」を卒業しましょう。**


さらに、**男性脳が重視するのは、仕事の「成果」です。**頑張っている「プロセス」は「成果」があってこそ、のものです。

だからこそ、抱えている仕事で手一杯なところに新たな仕事が振られたら、まずは自分が置かれている状況をしっかり報告することが大事です。

「今、○○の案件を抱えており、優先的にやっている状態です。ですので、こちらの仕事は○時ぐらいの提出になりますが、それでよろしいでしょうか?」

黙っていては通じません。〝見える化〟がポイントです。

女性の中には、みんなの和を大切にするばかりに、言われるがままに仕事をし、こっそりとストレスをためこむ傾向も強い。

けれど、ギリギリの限界まで、我慢して仕事をしても、男性脳の上司はなかなか気づいてくれないし、ホメてもくれません。

彼らの評価を求めるなら、**わかりやすい〝行動〟で示すことがポイントです**。

明らかに自分の役割を超えた仕事を振られたケースなどは、

「どうしても私にということでしたら、今回はやらせていただきますが……」

と多少、恩を着せておくのも手です。

その上できちんと仕事をこなせば、いわば上司に〝貸しイチ〟！

言葉で気持ちを表すのが苦手な男性脳の上司なら、その分、「昼飯おごるぞ」となったり、お菓子を差し入れしてくれたり、と行動でのお返しも期待できるかも⁉しれません。

男性脳を理解するのは、イコール「我慢して言うことを聞く」ではありません。

時には、賢く駆け引きの材料として活用しましょう！

MESSAGE 04

涙がポロリ……
その後が大事です

PROBLEM 04

仕事で成果が出せなかったのが悔しくて、職場でつい泣いてしまいました……。上司や男性同期はドン引き状態で、すっかり自己嫌悪です。二度と泣くまい、と誓う日々ですが、涙もろい私にいい対策を教えてください。

職場で泣くのはやめましょう――。

ビジネスマナーブック上では、それが正解だと思いますが、言うは易し、行なうは難し。女性にとって、涙のコントロールは意外に難しいものです。

たとえば、誰でも目の前で胡椒を振られたら、「クシュン」とくしゃみをしますよね。

女性の涙も同じようなもの。

右脳と左脳を結合する前交連が女性脳は男性脳より太いことにより、女性脳は感情が身体の反応に影響しやすいのです。よって、悔しい、悲しいといった感情が沸き起こった瞬間に条件反射的に涙が出てしまう。いわば女の性ですね。

ですから、あえて「泣くな」などと、野暮なアドバイスはしません。

ただし、**泣いた後のふるまい、は大事**です。

先のくしゃみの話に戻りましょう。

もしオフィシャルな場で、くしゃみが出たら、「失礼！」と言いますよね。そして、鼻水がブーッと出たら、当然、トイレに行って鼻をかんでくるはず。人前で鼻水をダラダラ流しっぱなしでいいや、という人はまずいないと思います。

涙も同じです。

その場で感情ダダ漏れに「ウェウェ」と嗚咽泣きでもされたら、周囲がドン引きするのは当たり前。

ウルっときた時点で、「ちょっと顔を洗ってきます」と、リカバーする。これが正しいビジネスマナーであり、女性としてもスマートなふるまいです。


会社の同僚などとの飲み会やランチといった会社を離れたセミプライベートな場で泣いてしまった場合も、その後のフォローが肝心です。

「○○さん、飲み会の席で泣いちゃったんだって……」

などとウワサされる前に、

「いや～、なんだか感情的になってヤラかしちゃいました。お騒がせしてスミマセン！」

と明るくネタにするのがいいでしょう。

（泣いてしまって、場の空気を重くしたことを反省してます！）という気持ちを、ユーモアも絡めつつ広めてもらう作戦です。

「赤鼻のトナカイみたいだったよねー？」などと、笑い話でイジってもらえば、あなたも周囲も気がラクになるはずです。


女性の〝涙〟の扱いについては、男性上司からも時折、相談を受けます。

「泣かれたらイヤなので、厳しく言えない」

「女性の部下は感情的になりやすいから、ちょっと面倒なんですよね」などなど。

私は次のようにお答えしています。

「ヘンに心配したり、騒いだりせず、『トイレで鼻かんできなよ』と言ってあげてください。生理現象のようなものですから」と。

あなた自身がマネージャーになって、部下の女性がウルッとくるようなことがあった際にも、そのように冷静にアドバイスをしてあげてくださいね。

MESSAGE
05

「こうしたほうが……」と思った時こそ相手に合わせる

PROBLEM 05

上司の指示に対し「こうしたほうがいいのでは？」と提案したら、「とりあえず頼んだ通りにやって」と一蹴されました。さらに食い下がったら、「ともかくやってみてから、結果を報告して」と。話ぐらい聞いてくれてもいいのに……。

「黙って、言う通りにやってくれ」

上司に〝頭ごなしに〟そう言われると、なんだか自分を否定されたような気持ちになってしまう女性は多いようです。

けれど、そんな時にはまず相手の立場に立って、〝相手矢印〟で考えてみてほしいのです。

上司はどう思い、冒頭のような発言をしたのでしょうか。決して、あなた自身を否定したり、無視したりしているわけではないのです。

女性脳は、感情、共感を大事にします。

だから、上司に言われたことに対しても、行動に移す前にあれこれ確認し、共感を得てから行動したい。

だから「ここは懸案事項ですよね。だからこうしたほうが〜」と、言葉で意見交換、コミュニケーションし合うことも、仕事の一部だととらえます。

しかし男性脳は違います。

「やれ」と言われたことに対し、その通りに「やる」。言葉より行動で返す。

これが男性脳にとって、心地よいコミュニケーションであり、**「やってもいないのに、意見をする」は、彼らの価値観ではナシ**なのです。

さらに、上下関係を重んじる傾向も強い。だから、上司に言われたら、「言われた通りに忠実にやる」。

いい意味でも、悪い意味でも、個人的な感情抜きで向かうべき目標に向かって、行動できるのが男性脳なのです。

また、もう一つ、仕事の基本的なルールとして、みなさんに知っておいていただきたいことがあります。

それは「守・破・離」。

日本の武道や能、華道などの世界で、修業の段階を示したものです。

第1段階の「守」は、師匠から言われたことや教わった型などを、忠実に守るステージです。いわゆる「基本」ですね。

第2段階が「破」。「守」で身につけた基本に、自分の考えや工夫を反映させ、既存の型を破る段階です。「応用」のステージになります。

最後の第3段階は「離」。教えや型、師匠から離れ、自分の形を作っていく段階です。ここが、「個性・独自性の発揮」につながります。

道を究めていくには、この3段階を順を追って進むことがポイント。

料理でも、料理本のレシピに書いてある材料や分量、手順などを勝手にアレンジすると、「あれっ、思った味にならない」ということが多いですよね。

これは、仕事にも当てはまることです。

先輩や上司の経験に基づく考えは、まず、言われた通りに忠実に再現してみる。結果が出なくても、すぐに放り出すのではなく、本当に〝忠実に〟再現できているかを検証することが大事です。

私が、37歳で営業の現場に飛び込み、トップセールスを達成したのも、会社や上司が教えてくれた「守」を徹底したからに過ぎません。

(こっちのやり方のほうがいいのに)と思っても、まずは上司が言う基本を押さえてみる。〝私らしさ〟でアレンジするのは、それからと心得ましょう。

MESSAGE 06

ムカッときたら深呼吸。眉間のシワを伸ばしましょう

PROBLEM 06

終業前に明日でもいい仕事を指示してくる上司がいます。「コレ、明日でも間に合いますよね」と言葉がのどまで出たところで、男性同期が「はい」と二つ返事で引き受けるので、私も渋々残業に付き合う日々。なんだか納得いかない！

「言葉より行動で返す」

行動を重視する男性脳的コミュニケーションのあり方については、前項でお話しした通りです。

男性同期が、上司の指示に素直に従っているように見えるのは、こうした価値観のせいですが、このお悩みについては、もう一つ、重要なポイントと注意点があります。

女性脳の特徴は、**感情が、表情や言葉として、表に出やすい**ことです。

男性管理職向けの研修でよく取り上げるケースを挙げ、解説していきましょう。

あなたの上司のように、「明日15時の会議の資料なのだけど、まとめておいて」と、17時に持ってくる部長がいたとします。

指示を受けたのは、AさんとB君の2人です。

Aさんは、その場ですぐに（明日の15時なら今じゃなくてもいいのに。買い物に行けないじゃん）とばかりに部長の前で眉間にシワを寄せ、「ああ、はい……」と、明らかに声のトーンも低く、不機嫌な顔をしてしまいます。

一方、B君は「はい、わかりました、部長」とにこやかに言います。

部長としては、どう感じるか。不機嫌な顔をしたAさんに対し、（やっぱり男性部下のほうが素直で、仕事も頼みやすいな）と考えるのが普通でしょう。

けれど、「そうとも言い切れませんよ」と、研修ではお伝えしています。

いったいどういうことなのでしょう。

女性脳の特徴として、左右の大脳をつないでいる脳梁《のうりょう》が太く、視覚や聴覚情報、言語情報がすばやく交換されるため、言葉をスピーディに処理できます。左右の脳をつないでいる前交連が太いことも、左右の大脳間の伝達をスムーズにしています。

右脳で感じたことが、言語を司る左脳にスピーディに伝達されるため、

（そんなの今じゃなくて、明日朝でもできるじゃん！）

といった不満も、瞬時に言葉として頭に浮かぶというわけ。顔にもすぐ出てしまいがちです。

けれど、男性脳は女性脳に比べて感情の伝達がとてもスローです。

このケースで言えば、B君は20時まで残業し、21時に家に着いて、缶ビールのプルトップをプシュッと開けたぐらいのタイミングで、

（あの部長、いつも意味のないことするよなあ）

と眉間にシワを寄せる……それぐらいのタイムラグがあるといわれます。

だから、男性管理職のみなさんにも、

「男性部下だから素直と考えるのは早計です。その後、居酒屋できっとグチを言ってますから（笑）」

などとお話をするわけです。

同時に女性のみなさんにもお伝えしたいのは、**表情一つで「女ってメンドくせえなあ」と思われたら、結果的にはソン**！　もったいないということです。

将来的に、仕事のチャンスを逃すことにもなりかねないのですから。

「むちゃな指示が来そうだな」と思ったら、意識して指で眉間のシワを伸ばすぐらいのつもりで（笑）、スマートに対応できるようにしたいもの。

〝感情ダダ漏れ子〟も、潔く卒業しましょう。

MESSAGE 07

ボスマネジメントは接客業に学べ！

PROBLEM 07

新入社員が入ってこないため、永遠の若手状態で、さまざまな雑務をやらされます。業務以外にも花見の席取りや、飲み会の場所探しなどなど。上司より下っ端の私のほうがむしろ忙しいのに、仕事以外の雑務は勘弁してほしいです。

ファイルの整理や会議室の予約など、仕事の基本を覚えるまでは、どんな雑用もおろそかにするべからず。38ページの項で、そうお話ししました。

けれど、業務外のどうでもいい仕事を慣例のようにやらされていて、「もうやってらんなーい！」という限界状態なら、ちょっとラクになれる作戦を練ってみましょう。

たとえば、お悩みにあった〝飲み会の幹事をやらされる〟というケース。店を選んだり、出欠をとったり、集金をしたり、は予想以上に面倒なもの。その上で酔っぱらった上司の自慢話を聞かされた日には、「飲み会の時間も残業代が欲しい！」ですよね(笑)。私も生意気だった20代のころ、真剣にそう思っていました。気持ちはわかります。では、どうすれば〝自己中〟にならず、幹事業務を上手に軽減できるか。

たとえば、次のように提案してみるのはいかがでしょう。

「私が選ぶと、どうしても知っている店や女性目線の店のチョイスになるので、男性上司のみなさんのオススメの店を開拓したいんです」

「ぜひ、未知なる世界をご教示いただく意味でも、幹事はその時の持ち回り制にするのはいかがでしょうか？」

男性脳は、支配欲求や占有（なわばり）意識が強い場合もあるので、行きつけの店を持ちたがる傾向があります。また、「行きつけがあるなんてスゴい！」などと行動を認められれば、うれしくなって「あの店はね」と語る〝うんちく好き〟も多い。「やっぱり○○さんのオススメの店は素敵ですね！」とうまく持ち上げれば、他の男性上司からも、「今度は私がやるよ」という声が挙がるはず。これならお互いにハッピー。**自分の行動を認めてもらうことが大好きな男性脳を、うまく活用する**のです。

こうした男性脳の価値基準を使って、上手に男性を〝マネジメント〟しているのが、夜の街の接客をなりわいにしているホステスさんです。なぜ彼らが、高いお金を払ってもお店に行くのか。それは彼女たちが自分の行動を認めてくれるからです。

「俺、こういう仕事してるんだ」↓「すごーい、○○さんてデキる男なんですね」
「△△って人気店知ってる？　じつは昔からの俺の行きつけの店なんだ」↓「素敵〜、今度連れて行ってください」

といった具合です。

一方、女性脳の価値基準は「気持ち」なので、

「私、今、こういう会社で仕事しているの」→「すごいね！　さすがだね」

というコミュニケーションアプローチではハマりません。

（私が仕事で何を大切にしていて、何を頑張っているのか何も聴かないで、会社名だけですごいとか言われても……）などと感じてしまう人が多いのです。

ですから、いくら女性の活躍が進み、女性決定権者向け接待の需要が高まったとしても、「ホストクラブ」市場が拡大することはあまりないと私は考えています。

男性脳の場合、自分の「行動」に他者がアクセス（承認）することがうれしいということと同時に、「相手がほめてくれた」という相手の「行動」にもアクセスできますので、ホステスさんの需要はほぼ恒久的でしょう。加えて、男性脳は感情を短期記憶で処理するという説もあり、会計時に（高っ！）と思っても、ついついまた行動承認をしてもらいに行ってしまうんですね。

なるほど特性の違いか……と思えれば、ボスマネジメントも楽しく実践できるはずです。

MESSAGE 08

同僚にプライベート全開はキケンです！

PROBLEM 08

親しい同僚との飲み会で、上司の悪口やプライベートな恋愛話で盛り上がりました。数日後、飲み会に参加していない人から、「彼氏って、同じ業界の人なんだってね」と。えっ、誰が言ったの。ひょっとして上司の悪口も本人にバレてる⁉

SNSなどで、プライベートな情報をさらしてしまう危険性は、みなさんもよくわかっていると思います。

けれど、お悩みの内容を見ると、先輩女性としてはちょっと心配です。会社での会話となると、どうも無防備すぎる女性が多いように感じるからです。

女性脳の人は、〝お腹を見せ合う〟ことで信頼関係や友好関係を深めていきます。女性が複数人集まると、初対面同士であっても、「そーそー、男って」とか、「ホント、ウチの上司ってサイテーで」などと、恋愛話や仕事のグチで即、盛り上がったりしますよね。

しかし、男性は感情を言葉に表すのが苦手なので、ましてや初対面でプライベートなことはまず口にしません。

女性のほうがコミュニケーション上手ともいえるのですが、ことオフィシャルな場では、**問われるままにあれこれ何でもしゃべりすぎるのはリスク大**です。

ノリで話すのではなく、彼氏の話も、「ご想像にお任せします」ぐらいで留めておくのがベター。調子に乗ってラブラブぶりを披露した結果、

「そろそろ結婚、出産ともなれば、大きな案件は任せにくいな」

などと、お節介な判断をされる可能性だってあるのです。


上司の悪口も、真っ先に口火を切って言うのはオススメできません。

そうでなくても、若い女性の発言は目立ちがち。そもそも女性の活躍推進を、面白く思っていない男性もいるでしょう。あなたの話を材料に、上司にすり寄ろうなどという人が、まったくいないとは言い切れないのです。

「わかる、わかる〜」といった共感、感情のやりとりで終始できる女性脳的会話と違い、男性脳の人々の会話には、必ず〝目的〟があります。

たとえば、親しい（と思っている）先輩社員が、「飲み会の席だし、○○の案件について、ぶっちゃけどう思う？」などと、聞いてきたとしても、その言葉の裏には何があるのか。リスクはないのか。

SNS同様、誰にモレるかわからない、またモレても自分が責任のとれる範囲で話すという慎重な姿勢で臨むべきです。

そして、**おしゃべりを控えることは、後輩女性のためでもあります**。

以前、ある会社の部長に「やっぱり女性って仕事の優先順位が低いの？」と尋ねられたことがあります。彼は、勤続10年以上の女性部下にこう問うたそうです。

「ここだけの話、女性にとってうちの働きやすさはどうか、ホンネを聞かせてよ」

「制度も整ってますし、育休・時短も取りやすいので、プライベートを充実させやすいと思っています。私はバリバリ働くタイプではないので、働きやすいです！」と彼女。

その女性は上司である部長を信頼して、一個人のホンネを漏らしたのでしょう。

しかし、女性は、組織ではまだまだ少数派です。

個人的な意見を言ったつもりで、（やっぱり女性社員って、こんなことを考えるんだな）と、女性の総意ととらえられるケースも多いのです。

「会社の人間関係って、なんだか窮屈だなあ」と思うかもしれません。

けれど、親密な人間関係を会社で求めるのはオススメしません。グチや恋バナはプライベートな友人同士限定にしておきましょう。

MESSAGE 09

転職の判断は、〝やりきった感〟が目安

PROBLEM 09

希望の部署になかなか異動できません。私なりに今の仕事も一生懸命やってきたつもりですが、そろそろ30歳間近。手遅れになる前に、転職を決意したほうがいいのでは、とあれこれリサーチ中です。

今の職場、仕事で〝やりきった感〟がありますか？

もし、「転職するか否か」を迷ったら、その達成感を判断のバロメーターにしてほしいと思います。

そう、言葉より行動です。「毎年、異動願を出しているのに……」だけでなく、実際に行動で、強い思いを表現できているかが大事です。

まずは今の仕事で、どの程度の成果を挙げているのかを棚卸しした上で、

1　なぜその部署に行きたいのか

2　そこへ行って、どのような貢献をしたいと考えているのか

3　そのために何を頑張っているのか

これら3つのポイントについて、上司や周囲に具体的にアピールし、行動に移せているかをまず検証してください。

そこまでキッチリと実践しているのに、「なかなか異動できない！」のであれば、転職を考えてもいいと思います。

ですが、手を尽くさないままに、安易に決断するのはオススメしません。

厳しいことを言うようですが、どこに転職しても、同じ壁にぶつかってしまう可能性が高いからです。

行きたくなかった部署に配属され、「イヤだから辞めたい！」時も同じです。意に沿わない異動であっても、「私はこの仕事はイヤ」「私はあの仕事がしたい」という〝自分矢印〟な考え方をちょっと抑えてみましょう。

果たして、そこで自分が何ができるのか。工夫しながら1年なりを過ごしてみる。意見や希望を出すのは、一定の成果を出してからと心得ましょう。

くり返しですが、**男性脳ルールは言葉よりも行動、そして結果重視**です。〝やりきった〟上でなら、面接で転職の理由もしっかり伝えられ、理解も得られやすいはずです。

〝やりきった感〟には、客観的な指標も大事です。

上司ととことん話し合って、今の部署あるいは会社から、「じゃあ、次のステージで頑張って。応援するよ」

と快く送り出してもらえるかどうかが一つの目安です。

私が営業支援のコンサルティング会社を辞めたのは、どうしても女性の社会的活躍を支援する仕事をしたかったからでした。

社内で女性向けの研修プログラムを立ち上げられないかを試行錯誤してみたのですが、会社の判断は「今はその時期ではない」というもの。

これでは、時期を逃してしまう——と、「新たな道に進みたい」と会社に申し出たわけです。

「たしかにもうこの会社で、やりたいことはできないよね。じゃあ、やりたいことが別にあるなら応援するよ」

上司は、そう言って私の背中を押してくれました。

今もその会社とは、営業支援の分野で連携し、Win-Winの関係でお付き合いをさせていただいています。

新たな道を探す際には、前の会社ともハッピーな関係を築けるようなイメージが描けるか。これも、長期プランでキャリアを築いていく上では、大事なことです。

MESSAGE 10

男性部下には「序列」を意識！

PROBLEM 10

初めての男性の部下を持って、どう指導すればいいか、戸惑っています。どうも、私の指示に従ってくれなくて、ナメられているのかも、と。けれど、あまり上から目線だと反感を食らいそうだし、と、あれこれ悩んでしまいます。

「なぜ思ったように、部下が動いてくれないのかな？」

もしあなたがそう感じているとしたら、まずは上司としての指示スタイルをチェック。男性の部下には、数字やデータなどの客観的な指標をもって、具体的な行動で指示を出せているか、振り返って考えてみましょう。

あるアパレルメーカーで、エリアマネージャーをしている男性から、こんな悩みを打ち明けられたことがあります。

女性店長たちに製品に関する意見を聞くと、

「これぐらいの袖の長さが〝いい感じ〟だよね」

「パンツの裾の広がりは、〝こんな感じ〟がちょうどいいね」

といった具合で話が進んでしまうとか。

「手首から何cmとか、ひざから何度の角度とか、具体的な数値で言ってもらえないと、こっちはまったくわからないんですよ」

女性同士のファッショントークなら、〝いい感じ〟〝こんな感じ〟で理解し合えても、ビジネスルールではＮＧというわけです。

男性には論理性、客観性を心がけ、話をするようにしましょう。

そして、気持ちに訴えるのではなく、出した結果にアクセスすること。小さな成果でも評価し、行動承認を積み重ねていくことが、男性の部下との良好な関係につながっていきます。

単純に女性だからといって、ナメてかかったり、無視したりするような男性の部下であれば、別の対策が必要です。

年下の部下であればシンプル。**「序列」を意識させる**のがいいでしょう。

男性脳は基本的に上下関係には忠実ですので、「あなたの上司は私です。ですから、私が言った通りに、まずは動いてください！」とあくまでも客観的な事実を踏まえ、ビシっと冷静に言いきることも必要です。

逆に年上の部下の場合は、人生経験では相手が上にあることはしっかりと意識し、そこには敬意を表しましょう。

「ここの部分は、経験が豊かな○○さんにぜひ教えていただきたいんです」

といった具合に、経験値については教えを乞うこと。

その上で、「ありがとうございます。おかげでこういった知見がたまります」などと、**行動を承認していく**ことも忘れないようにしましょう。

ちなみに、女性脳の部下は、勝ち負けや上下関係より、〝みんなに喜ばれたい〟という親和関係に重きを置くため、「チームのみんなが期待している」などとハッパをかけ、仕事については、結果だけでなく、「よく頑張っていたね」と**プロセスをねぎらう**のがポイントです。

ほめる際には「営業部のみんなも喜んでいたよ」と、身近な仲間の評価を出してあげるのも、いいでしょう。

このように両者の違いをしっかり理解すれば、シーンや相手によって男性脳と女性脳の切り替えもスムーズにできるようになるはずです。

90ページからのチェックシートも参考に、自分はどちらの傾向が強いのかだけでなく、上司や部下についても一度チェックしてみるとよいでしょう。

MESSAGE 11

叱り方にもコツがある！

PROBLEM 11

部下がミスをした際にどう注意するのが効果的なのか。難しいものですね。男性の部下、女性の部下に限らず、ムッとされたり、どうも納得していない表情をされたりすると、言い方が悪いのかなと自信をなくしてしまいます。

「なんでできないの？」「何（誰）が悪いの？」

大前提として、部下が女性でも、男性でも、冒頭のように**ミスや問題ばかりにフォーカスしないこと**。これはぜひ心がけてください。

逆に自分が言われたらどう感じるか。〝相手矢印〟で考えてみてほしいのです。

100ページの項で改めて詳しく解説しますが、こうした「プロブレムフォーカストーク」は、相手の反発を買ったり、萎縮させたり、と問題の傷口を広げてしまいかねません。

また、女性脳の上司が男性脳の部下にやりがちなのが、

「前も同じミスをしたよね。いつになったらできるの？　これじゃまた同じことやるわよ」

と、異なる時系列のミスを、同時に指摘することです。

女性はとかく彼氏や夫にも、

「あなたっていつもそうよね。この間だって、そうだったし、去年のあの日も～」

などと、時間軸を混在させた不満をぶつけがちですが、このやり方は効果的とはい

えません。

女性脳は、出来事にその時の感情もくっつけて、現在、過去の事象もすべて一緒に記憶することができます。

いわば、時間軸が異なる雑多な記憶と感情の数々を一緒に風呂敷に包み隠すようなイメージ。女性が、長年の過去の不満をためこみやすいのもそのためです。

一方、男性脳の記憶構造は、いわゆるタンス型。一つ一つの事象ごと、時系列ごとに記憶を引き出しにしまっているイメージです。

ですから、突然違う時系列の話をされても、彼らはいちいち引き出しを開けないと対応できません。

（いっぺんにいろいろ言われても、ワケがわからない。まったくこれだから女性の話って論理的じゃないんだから。整理して話してくれよ）

こんなふうに受け止めているのです。

男性脳の人に対して話す際には、〝今のこと〟限定がベターです。

さて、ここまで、男性脳と女性脳のさまざまな違いを挙げてきましたが、再三お話ししているようにどちらが正しく、どちらがダメというわけではありません。

たとえば、男性脳の人が一般的に論理的なのは、先に挙げたように記憶がフレームごとに整理されているからです。

そのため、ビジネスシーンにおいては、論理性や解決などを大切にする男性脳的価値観に、女性脳の人は学ぶべき点が多いと思います。

70ページの項でも触れたように、みなさんにめざしていただきたいのは、シーンや相手によって上手に男性脳、女性脳を切り替えられるようになること。

いわば、**両方の機能を持ち併せる〝ハイブリッド脳〟を手に入れる**ことです。

女性脳のいいところでもある共感力を持って、部下や顧客の気持ちに寄り添いつつも、論理的に物事を進め、問題を解決できるようになれば〝鬼に金棒〟！　そう思いませんか。

ぜひ少しずつでいいので、90ページからのチェックシートで挙げた両者の違いもおさらいしつつ、日々の言動に活かしてみてくださいね。

MESSAGE 12

オフィスでの友だちごっこは卒業しましょう

PROBLEM 12

同期の女性社員で初の課長に昇格したら、女性同期から「もう立場が違うから」と、よそよそしい態度をとられるようになりました。仕事もやりにくいし、責任が増えて、こんな思いをするなら、昇進なんかしないほうがよかったかも……。

誰のために仕事をするか。

あるいは、上司の考え方や仕事への姿勢に共感できるか。

女性脳の人は、仕事をする上でこうした〝ヒト〟との関係を重んじます。

あなたもきっと目の前の仕事を頑張りつつ、一緒に働く仲間との和も大事にしてきたのでしょう。

これは決して悪いことではありませんが、仕事では、**ヒト（人間関係）ばかりに焦点を当てすぎるとツラくなってしまう**ことがあります。


ここは男性脳に上手に切り替えてみましょう。

男性脳は、仕事をする際にも、誰のためか、誰かに共感できるかよりも、職務内容、つまり〝コト〟にフォーカスして考えます。

単にそっけなくなったとか、ランチを一緒にしてくれないといったことなら、仕事に支障はないのですから、ここは割り切って考えてみませんか。

彼女たちとコミュニケーションをとらなければ仕事が滞るならば、**ヒト（人）では**

なくコト（仕事）に集中して会話すればいいのです。

しばらくは寂しさや孤独を感じる日々が続くかもしれません。

けれど、人生はマイナスなことばかりではありません。

何かを失えば、何かを得る。

必ずプラスなことが起こるはずです。


〝断捨離〟という言葉をご存じでしょうか。

本当に欲しいものを見極めて、部屋などを整理し、身の丈に合った生活を手に入れるという考え方ですが、人間関係も整理してこそ、本当に自分にとって大事なネットワークが見えてくるものだと思います。

会社でのステージが変わり、上層部が集まる会議や、パーティに参加する機会が増えれば、そういう人の意見や考え方に触れることができます。

私がよく登壇する公開講座には、あなたと同様、会社から抜擢された将来の幹部候補生の女性たちが集います。

こうした場ならば、同じ価値観や問題意識を持った〝仲間〟にも出会えるはずです。そう。

恋愛においても、大好きな彼氏と別れた当初は、この世が終わったかのような喪失感に襲われがちですが、見方を変えれば新たな出会いを生むきっかけになったとも言えます。

仕事も同じ。一つのネットワークを失っても、そんなに落ち込むことはありません。

そもそも、同じ仲間とずっと一緒にいる空間は居心地がよいようで、じつは惰性でダラダラと付き合っているということもあるはずです。

世界はもっと広いのです。

一つの会社の狭い世界で、ただの付き合いのいい人で終わるのか。

小さな別れがあっても、次のステップ、新たな世界をめざすのか。

同期で一番に昇格した、優秀なあなたなら、選ぶべき道はもう見えているのではないでしょうか。

MESSAGE 13

上司に〝花〟を持たせよう！

PROBLEM 13

プロジェクトに向け、課内でさんざん案を練って「A案で行こう」と話していたのに、部長との会議から帰ってきた課長が、「B案に決まったから」とサラリと一言。（今までの話し合いはなんだったの！）と、みんながガックリです……。

組織では、お悩みにあるような理不尽なことがまま起こりえます。

「ヒドイ、上司の顔色ばっかり見て、私たちの意見を無視するなんて……」

「あの課長、ツカエない～！」

あなたが、そんなふうに思ってしまったとしても、気持ちはお察しします。

上司に限らず、組織における男性の言動は、とかく日和見主義のように見えることもあるでしょう。

けれど、復習しましょう。

チームの調和や共存を大事にするあまり、そのためなら組織の序列をも無視して、

「みんなのために、私が上に直談判してきます！」

と突っ走りかねない女性脳に対し、男性脳はどうか。

そう、やっぱり支配、序列関係を重視するのです。

部長との会議で、部長から、あるいはたまたま参加していた執行役員あたりから、

「今度のプロジェクト、B案で行くんだったよな」と言われ、男性脳の課長は「はい、もちろんB案で準備してましたから」ぐらいのことを言ってしまったのでしょう。

さてB案でどうやっていくかと、もう彼の頭の中はB案だけで一杯。A案のことなぞ記憶の片隅に追いやられてしまうのです。

女性脳としてはまったく理解できない状況ですが、男性脳にとっては、そこに矛盾はない展開なのです。

もちろん、「組織とはそういうものだからあきらめましょう」ということを言いたいわけではありません。

男性脳の価値観を理解した上で、じゃあどうするか。

「ずっと話し合ってきたA案について、将来的には可能性がありますか？」

そう提案することはできるはずです。

「今回はB案で行くけれど、A案についても、次の次に活かせるかもね」

という答えが返ってくるかもしれませんし、あるいは日の目を見ないかもしれない。

けれど、まずは相手に歩み寄ってプレゼンをした上で、ダメならば、

「予算を持っている人の価値観がコレなら仕方がないかな」

と思えるはず。

相手の価値観を理解した上で、「やれることはやった」という納得感を得られれば、相手を責めてイライラするよりもマシです。

共感を重んじる女性脳としては、課長が「君たちの気持ちもわかるけど、すまないね」と一言ぐらい言ってくれれば、少しは気持ちも晴れるのでしょうが……、残念ながら男性脳に共感力は期待しないほうがいいでしょう。

ただし、今後は、ハイブリッド脳を持つ共感型の女性管理職が増えれば、こういう切ない事態も減ってくるのではないだろうか、と私は期待しています。

「みんなで意見を言い合える調和型のチームを作りたい」

あなたがそう思うなら、ぜひ上をめざしていただきたい。応援しています。

それまでは、相手の価値観に〝花〟を持たせ、太った〝実〟をいただくのは、十分に発言力をつけてから。

「じゃあ、まずは目の前の仕事で結果を出そう！」

そう考えたほうが精神衛生上もいいはずですよ。

MESSAGE 14

上司と部下の〝いい通訳〟をめざそう

PROBLEM 14

中間管理職で上と下の板挟みになってしまいました。部下からは突き上げを食らうし、上司には「ちゃんと部下に指示を出してるの？」とダメ出しされ……。いったい何を優先するべきか、わからなくなってしまいました。

中間管理職に求められている役割ってなんだと思いますか？

たとえるなら、ズバリ〝通訳〟ではないでしょうか。

あなたが課長や係長ならば、上にいる部長のメッセージをわかりやすく若手社員に伝え、その通りに仕事を進めてもらう。

若手社員の意見があれば、それを部長に上げて、判断を仰ぐ。世代間ギャップが大きい上と下との橋渡し的役割です。

だからこそ、時には板挟みになる。

あなたが感じているような心の葛藤が起こり、苦しくなってしまうことも往々にありがちです。


では、なぜ苦しくなってしまうのか。

そこに**女性脳ならではの〝共感したい〟という力が強く働くから**でしょう。

上司の気持ちも、部下の気持ちも理解したい。

そう考えるのは、とても美しいことです。82ページの項でも触れたように、今後は共感型の上司が求められるシーンも増えてくるでしょう。

しかし、気持ちを理解するのにも限界があります。

上司、部下のどちらにも平等に寄り添おうとして、自分が苦しくなってしまっては元も子もありません。それどころか、〝どっちつかず〟であなたの立場が悪くなってしまうこともありえます。

それが今、あなたが置かれている状況です。優しさがアダになってしまうパターンですね。では、どう優先順位をつけるべきなのか。

通訳の仕事についてもう一度、考えてみましょう。

通訳は、その人の〝言葉〟に集中しますよね。

それと同じで、職場の友人との関係同様、「ヒト」ではなく仕事の内容、つまり「コト」に考え方をフォーカスするのです。

そう、再び男性脳への切り替え作戦の登場です！　仕事をスムーズに進めて行くことにフォーカスし、行動しましょう。

まずは、上司の指示、メッセージをいかにわかりやすく部下に伝えるかを工夫しましょう。もし、自分自身で納得いかない不透明な部分があるならば、部下に言う前に、クリアにしておくことも大事です。

もちろん、50ページの項でも述べたように、「ほかのやり方のほうがいいかも」という声が挙がったとしても、まずは上司の指示通りに動くことが先決です。

その場合は、部下にも「まずは1回、指示通りやってみて、その結果を踏まえてから、考えてみよう」と、上司の指示への対処の仕方、考え方まで教えてあげる。

こうした細かいフォローは、女性脳も持ち併せたハイブリッド脳だからこそ、できるワザといえます。

このように自分のとるべきスタンスを明確にすれば、ヘンに上と下の顔色をうかがってあいまいな態度をとってしまうリスクも減ります。

くれぐれも気持ちを押し殺しすぎて爆発してしまわないよう、自分がラクになれる感情マネジメントを心がけてください。

COLUMN 1

知っておきたい、女性脳と男性脳の違い

ここでは、女性脳と男性脳の、主にビジネスシーンにおける価値観についてまとめています。「どちらかというと優先しがち」という項目にチェックしてみましょう。自分がどういう価値基準で行動しているか、発言しがちか、ということがわかると思います。次ページから紹介している具体例も参考にして、「ハイブリッド脳」に近づくヒントにしてください。

[価値観の傾向を見るチェックシート]

女性的　仕事における価値観の特徴		男性的　仕事における価値観の特徴	
結果も重要だが、その過程での納得性、充実感をより重要視する	プロセス	成果	プロセスも重要だが、結果を得た充実感をより重要視する
勝敗、上下関係よりも、共存、仲間との親和関係に価値を感じる	共存	支配	共に作り上げていく以上に、勝ち負けにこだわり、上下関係を重んじる
職務、職域も大切だが、誰のためなのか、その人に共感できるかを大切にする	ヒト	モノ（内容）	誰のためか、共感できるかも大切だが、職務内容や職域をより大切にする
理性的に判断することも重要だが、喜怒哀楽を豊かに表現する	感情	理性	喜怒哀楽を豊かに表現することよりも、理性的に判断することを重要視する
数字やデータによる理解より、全体をイメージでとらえ、新しいものを創造する	イメージ	データ	全体をイメージでとらえるのではなく、数字やデータから理解する
「自分がどう思うか」「自分にとってどんな意味があるか」が大切	主観	客観	「自分がどう思うか」よりも「客観的に見てどう思われるか」が大切

価値観の違いとビジネスにおける役立て方

〈プロセスと成果〉

「いくらよい仕事をしても、そのプロセスが明確でないなら、それは担当者の腕によるもので再現性がないよ」

そう考えるのは、プロセス重視のタイプです。

「結果オーライ」「終わりよければすべてよし！だね」

そんな言い回しを好むのが、成果重視のタイプです。

たとえば、仕事において「売上増」という結果を果たすために、プロセス重視の人は、商品開発の苦労や思い入れ、商品を手にしたお客の反応といった細部の事象に思いを馳せ、集約しようとしますが、成果重視の人は単価×個数において、単価と個数どちらを増やすかといった最短の道を模索します。

どちらがよい、悪いではなく、お互いの特性を活かし合い、よさを発揮することが大切なのです。

〈共存と支配〉

「みんなでこの仕事をやりきろう！」「一緒にやると、いろんな情報を共有できて仕事が進むよね」「他社にはない独自のサービスを考えてみよう」

こうした声がけでやる気が出るのは、共存重視のタイプです。ナンバーワンよりオンリーワンという価値観があり、相手と同じ立場に立って、人間関係を深めようとします。

一方、上司から「競合他社に負けるな！」「リーダーシップを発揮して頑張れ」と言われてやる気が出るタイプは、支配重視の価値観。「あの人には負けたくない」というのが、仕事のモチベーションになったりもします。

ですから、共存タイプの人に「同期で一番早く出世したいよね」などと言うと反感を買うかもしれません。一方で、支配タイプの人に「協力してやらないと意味がない」とハッパをかけたら、やる気をそいでしまうかも。やる気を引き出す声がけに役立ててみてください。

〈ヒトとモノ（内容）〉

ヒト重視のタイプは、仕事の内容よりも人とのつながり、人柄といったことを優先します。「この商品は女優の誰々が使っているんです」という売り文句が効くタイプ。一方、モノ（内容）重視のタイプは、具体的な機能や性能といったスペックを価値基準にします。

たとえば、営業や接客をしている場合、ヒト重視のタイプは、「商品を購入してもらうには、私を信頼してもらうことが大切。まずは人間関係を築こう！」と考えます。モノ（内容）重視のタイプは、「商品やサービスの内容が大切。しっかりと相手に商品のよさを理解してもらわなくっちゃ」と考えるのです。

営業先の相手がヒト重視のタイプだとしたら、商品のスペックを細かく説明しても「あなたを信頼できなきゃ、商品がよくても買わないよ」と言われることも。モノ重視なら「あなたが熱心でも、数字やデータで優位性を示してくれないとね」という反応になるのです。

〈感情・イメージと理性・データ〉

あなたが書店で本を選ぶ時、どちらの表現に魅力を感じますか?

A「心に広がるぬくもり! 誰もが涙した感動の一冊」

B「100万部突破! 92%の人が涙した感動の一冊」

よく売れていて泣ける本のようですが、

A「イメージがわき、感情が刺激されて」買う気になるか、B「データで納得、理性的に」買う気になるか、あなたはどちらでしょうか。

Aは感情・イメージ重視、Bなら理性・データ重視です。

Aタイプの人は「感情・イメージ」で話すことが多いので、「なんとなくよい(悪い)と思う」「こちらのほうが可愛い(可愛くない)、好き(嫌い)」と表現することがあります。「理性・データ」重視のタイプからすれば、「どこが、どう、何が違うのかを明確に説明してほしい」「あいまいな言い方だなあ」とため息をつきたくなるかもしれません。

仕事において何かを伝える時は、根拠となるデータを揃え、順序立てて説明することは重要です。ただ、「感情・イメージ」で受け止めていることが、世間の常識に近いことは多々あります。ビジネスシーンでは排除されやすい「感情やイメージ」重視の価値観ですが、業界の慣習にとらわれることなく、「これって大丈夫かな?」という感情や、「よい(悪い)と思ったところ、それを一番強く感じたのはどのあたりか」という感覚は、消費者目線の大切な情報。他者にしっかり伝えられるまでに言語化することも必要なのです。

〈主観と客観〉

ブティックで洋服を選んでいる時、次のように声をかけられました。

「お客さまの雰囲気にぴったりです！」

その時、あなたの反応はどちらに近いですか？

①「私にぴったり、素敵じゃない！　買っちゃおう♪」

②「ふーん。でも、今年の流行はどうかな。雑誌で取り上げられてないのかな？」

①に近いなら主観タイプ、②のように考えるのは客観タイプです。

②の客観タイプの買う気にさせる声がけは、「それは、今シーズン一番売れている人気商品なんですよ」などというもの。

これは、相手の価値観に合わせてコミュニケーションをするとうまくいく、という例です。

主観の強い人には「○○さんはどう思う？」と質問して、主観を尊重していることを伝え、客観の強い人には「市場調査の結果はこうです」など、客観的な話であることをまず伝えること。これも、ビジネスにおけるタイプ別の「伝え方の技術」です。

CHAPTER 2

幸せになる
キャリアプランの
考え方

MESSAGE 15

65歳の誕生日をイメージしてみる

PROBLEM 15

結婚の予定どころか、相手もいないまま30代に突入してしまいました。女性は男性と違って、結婚や出産によって人生が大きく変わりますよね。こんな状態で先々のキャリアプランを考えろと言われても、まったく予想もつきません。

「65歳の誕生日を迎えた朝に、どんなふうになっていたいですか？　隣には誰にいてほしいですか？」

女性からキャリアプランの相談を受けると、まずそう尋ねるようにしています。

「えっ？　そんな先のこと？」と、とまどうかもしれませんが、漠然としたイメージで構わないのです。たとえば、次のような具合でOKです。

A　ひとりコーヒーを飲みながら、出張先のニューヨークの高層ビルで自由の女神を眺めている。

B　先に定年を迎えた夫が「今までお仕事、お疲れさま」とお茶を入れて、優しくねぎらってくれる。

C　子どもたちが孫を連れて、定年退職のお祝いにかけつけてくれる。

Aであればバリバリ働いているイメージですから、「結婚はともかく、仕事を頑張ろう」。Cのように子どもも孫もとなれば、「結婚も出産もできれば早めがいいかな」などと、さかのぼる形で細かいライフイベントについても考えていくわけです。

じつは、「いつ結婚して↓いつ子どもを産んで↓いつ復帰して」といった、〝積み上げ〟方式でキャリアプランを考えようとすると、目の前にある不確定な要素にとらわれがち。漠然とした不安ばかりが先立ってしまいます。

車の運転だって、目的地を決めなければ、途中のルートも決まらないですよね。

キャリアプランも同じで、ゴールを先に決めたほうが、見えやすくなるはずです。

そして、ゴールをどこに設定しても到達法は同じです。

1 人生の〝ゴール（目的）〟をイメージする

2 自分が置かれている現状を分析する

3 現状とゴールのギャップを埋め、進んでいくために、いくつかの目標を定める

4 目標達成に向けて、具体的な行動を起こす

この4ステップで進んでいくことになります。

もちろん、その間には予定外のことも起こりえます。

車の運転でも、カーナビが示す最短ルートで行こうと思ったら、大渋滞に巻き込まれ、高速道路から一回降りなければならないこともあるでしょう。

思いがけずガス欠になることもありえますし、前の車が事故に遭って、立ち往生してしまう可能性もあります。

ただし、これらのアクシデントで起こるのは、3の途中の目標が変わるだけです。**スピードダウンしたり、通過点が変更になったりしても、ゴールは変わらないのですから、その場で対処を考えていけばいい**話なのです。

私の人生も、結婚、出産、離婚、そして2度の転職に再婚、独立……。

いやはや、我ながら想定外の出来事の連続でした。

けれど、26歳で描いた「ハンディキャップを抱えた息子の自立」というゴールがあったからこそ、ブレることなく「何をするべきか」の目標を考え抜き、時に回り道をしても、一つ一つクリアしてきました。その結果として、今があるのです。

だからこそ、あなたにも、まずはワクワクできるゴールをイメージすることから始めてみましょう。

私がそうだったように、途中で何が起こっても、前に進むパワーにもなるはずです。

MESSAGE 16

「ムリかな」という気持ちからスタートしない

PROBLEM 16

めざすゴールに向け、どう目標を設定し、クリアしていけばいいのかが見えません。おぼろげなものが見えても、誰にも負けない強みや個性もない私じゃ、「やっぱりムリかな」という考えが先立ってしまいます。

お恥ずかしながら。英文学部卒のくせして、私は英語が苦手です。

しかし、恥ずかしながらついでに言ってしまうと、「いつか海外でも研修事業を展開していきたい」。そんな思いも抱いています。ここで、

1 「それには、まず英語を猛勉強しなくっちゃ」と考えるのか

2 「英語はさておき、目標に向かって、今できることがあるのでは」と考えるのか

じつは、1と2のどちらの考え方で目標に臨むかで、実現する確率が大きく変わってくる可能性があるのです。

1のように、現状の問題点、ダメなポイントに焦点を当てる解決法を**「プロブレムフォーカスアプローチ（問題志向）」**といいます。一方、2の、解決に焦点を当てた考え方を**「ソリューションフォーカスアプローチ（解決志向）」**といいます。

人は課題を目の前にすると、「何がダメなのか」「誰が悪いのか」と、とかく原因の追求や〝犯人〟探しにエネルギーを費やしがちです。

機械の不具合なら、構いません。悪い箇所を探し、新しい部品をとりつける。解決法はそれ一つだからです。しかし、人は機械とは違って、「悪いところを直す」以外の

解決法も存在します。むしろ、そのほうが効率がよいケースもあるのです。

たとえば、私が英語を必死に勉強し、ペラペラになったとして、海外でビジネスができるのか？　そうとも限りませんよね。

それよりも、「グローバルに事業展開している日本の企業と契約を重ね、海外展開のチャンスをねらう」ほうが、よっぽど早く目標を達成できそうだと思いませんか。

「問題について話せば、問題が手に入る。解決について話せば、解決が手に入る」という言葉があります。

私は、ソリューションフォーカスを日本に広めた第一人者である、株式会社ソリューションフォーカス代表の青木安輝氏から、この言葉を教えていただき、個人的なコーチをしばらくお願いして自分の志向を鍛えていただきました。

問題・原因探しは、行き先を見失い、ダメなことに意識が行きがちです。

恋愛でも、「最近、彼がＬＩＮＥを既読スルーなのはなぜ？」などと原因を考え出すと、「浮気してる？」「私、飽きられた？」と悪い妄想ばかりが頭に浮かび、新たなケンカの火種を勝手に抱えることになりかねません。

仕事でもそう。自分ができないことや、ミスした理由ばかりに目を向けていると、「私ってダメだな」「だから最近、上司も冷たいのか……」と、問題の傷口をさらに広げ、あなたのような足踏み状態に置かれてしまいがちです。

そうではなく、「今、できていること」に目を向け、そこから先にある**目標に「どうやったら近づけるか?」**を考えてみませんか。

私が営業支援の会社に転職した時には、すでに37歳、営業経験ゼロでした。

普通ならば「遅い」リスタートかもしれません。けれど、独立の夢に向け、「前職の経理の仕事で、会社の数字については理解した」→「次は実際に売上を上げていくために営業の勉強をしたい」

そんな「解決志向」の姿勢でまっすぐに仕事に臨んだからこそ、トップの営業成績を挙げることができ、独立にたどり着けたのだと思います。

原因探しにハマりそうになったら、いったん頭をクールダウン。視点をズラして、考えてみることをオススメします。

MESSAGE 17

他人にも自分にも“OKメッセージ”を!

PROBLEM 17

仕事でミスを連発し、上司から「たるんでないか」と叱られて自信喪失状態です。入社して5年。そろそろ上のステージをめざす時期なのに、「進歩してないな」とネガティブなスパイラルにハマってしまっています……。

ミスが続いて落ち込んだり、同僚の活躍に焦ったりして、前向きになれない。こんな時は、〝視点ズラし作戦〟で考えていきましょう。

次の2つの文を見て、どう感じますか。

1　英語が話せない（否定文）

2　英語を話したい（肯定文）

「英語ができない」という状況、事実は同じです。

おそらく、1の否定文からは、「だから、レッスンを増やさなくては……」という義務的な目標につながり、なんだか苦しくなりそうです。2の肯定文からは、「だから、もっとレッスンの時間も増やしてもらおう♪」といった主体的な目標が生まれ、前向きに取り組めそうです。

脳には言葉やイメージ通りに反応するという特性があります。

1のように否定的な言葉を使うと、脳は防衛本能から、この場をやり過ごそうと、考えることをやめたり、間に合わせな発想や言い訳に逃げたりします。

仕事でも、**「50%しかできていない！」と指摘されると、50%しかできなかった理由しか頭に浮かびません。**

（だって急な案件入ったし、そもそも能力ないのかも……）

と思考が停止してしまったり、ヤケになったりしがちです。

ところが、同じ状況でも、**「50%までできてるね」と肯定的な言葉、いわばOKメッセージを投げかけられると、人の脳は変化の余裕が生まれます。**

（じゃあ、あと10%アップする方法を考えてみよう！）

と、次の一歩につながる具体的な行動にシフトできるのです。

部下だけでなく、子どもへの接し方でもそう。

相手の行動を認める、行動承認も言い方一つで、真実、つまり結果が異なってくるものです。

「まだ半分もできてないの！」

「どうしてこんなに時間がかかるの！」

こうしたネガティブなセリフからは、「でも……」（言い訳）や、「そう言われても……」（反発）、「どうせ、私なんてダメなんだ」（逃避）といった後ろ向きの反応が返ってきがちです。

お子さんがいるママも、「子どもができていないこと」に焦点を当てて、問いかけてはいないでしょうか。

「なんで宿題してないの！」→「だって、今、ゲームしてるし……」

「言い訳はヤメなさい！」と続けたくなりますが、じつは自らが「言い訳」を誘導してしまっているんですね。

こうして見てくると、問いかけ一つで、自分も他人も変われる。未来も変えられる可能性がある。そう思いませんか。

そのカギを握るＯＫメッセージや問いかけを上手に活用してみましょう。できない言い訳をくり返す負のスパイラルから脱出し、どうしたらできるか？につながるハッピーなサイクルを呼び込めるはずです。

MESSAGE

18

「否定語」に正面から反応しない

PROBLEM 18

私が昇進したら、「女性はいいよな〜」と、ある男性の先輩が仲間内で陰口を叩いていると聞きました。割り切っているつもりでも、ここで失敗したら「ああ、また何か言われるかも」とビクビク。なんだか自信がなくなってきました。

「女性でラッキーだったよね」「女性登用の波に乗れてよかったね」

私が知っている女性管理職の方でも、男性から、そんなイヤミなメールやメッセージをもらった経験がある人は少なくありません。

ある人は「『ですよね～。本当にありがとうございます！』と、返しておいたわ」とサラリ。あなたも、雑音として無視しておくのが一番です。

女性の社会進出については、当の女性のみなさんの受け止め方が異なるように、男性側の反応もさまざまです。面白く思っていない人もいるでしょうが、前向きにとらえている男性だって多いはずです。

そもそもです。「女性だから」というだけの理由で管理職に登用するほど、会社はいい加減なところではありませんし、イヤがらせのメールや陰口なんて、遅れをとった平社員の男性の妬みにしかすぎません。

仕事ができる幹部候補の男性であれば、そんなことを言ってこないでしょうし、くだらないウワサ話や悪口に執心するほどヒマではないですよね。

やっかみを受け流してやり過ごすほかに、もう一つアドバイス。

それは、**否定的な言葉や態度に真っ向から向き合わない**こと、です。

生きていれば、思いもよらない反発を受けたり、価値観の違う人から「ＮＯ」をつきつけられたりするシーンは、数多くあるものです。

こんな時、人は真っ先に「そんなつもりでは……」と反論したくなりますが、まずは、そんな相手の気持ちをいったん受け止めることが先決です。

たとえば、あなたに「女性だから甘く見てもらえていいよね」という男性の先輩がいたとしましょう。

彼に対して、「ムカツく！」とすぐ反応しないこと。そして、

「この人はなぜこんなふうに言うのかなあ、考えるのかなあ」

と、いったん〝相手矢印〟で歩み寄ってみませんか。

（この人なりに頑張ったことを周りに評価されないとしたら、面白くないのもムリないか……）

と相手を思いやれる心の余裕も生まれるのではないでしょうか。

その上で、「自分はどうしたいのか」、心の内に問うてみましょう。

「誰の目から見ても、私の実力で結果を出したと認めてもらえるようになろう」というスタンスを持つことによって、イライラしたり、落ち込んだりすることがなくなっていくと思います。

いろんな気持ちにアクセスしてしまう女性脳が、いちいち一喜一憂していたら、身体も心も持ちません。

友だちにグチってウサを晴らすのもいいですが、大人の女性としては、自身に問いかけ、対話をしながら心の中で感情を整理するクセを身につけていただきたい、と思います。

この〝自己内対話〟については、エピローグでもくわしく解説していきます。ぜひ上手に活用してみてくださいね。

MESSAGE 19

産みたい時が産み時です

PROBLEM 19

いずれ子どもを持ちたいと考えていますが、いつ産むのがベストなのか悩んでいます。今は「仕事に集中し、キャリアを積むべきでは」と思う一方、年を重ねると妊娠も難しくなるとも聞きます。何を優先し、決めるべきでしょうか。

20代の健康な男女が、排卵日にタイミングを合わせたとして、妊娠する可能性はどれぐらいだと思いますか。じつは20～25％程度。「低い！」と感じた人も多いのではないでしょうか。

そして、女性の年齢が上がるほど妊娠はしづらくなり、40歳を超えると5％以下。流産のリスクも高まっていきます。

脅しているわけではありません。けれど、妊娠しやすい年齢の壁はどうしたってあるし、「欲しい」と思っても、すぐにできるわけではありませんよね。

だから、「子どもはいらない」と思っている人も含め、年初に一度ぐらいは、自分は子どもが欲しいのか、いつ欲しいのか、を自分の心に聞いてみてほしいのです。

そして、「産みたい！」と思った時が産み時。

仕事や職場の状況を見て、「迷惑をかけない時期に」と思っても、**誰にも迷惑をかけない時期は、残念ながら永久にやってきません。**

いずれ子どもをと思うなら、キャリア形成や今のポジションはいったん置いておいて、パートナーとも話し合い、早めに決断するのがベターだと思います。

子育てはなかなかの重労働ですので、体力的なことも含め、若いほうがいいのでは、というのが私個人の意見。2人め、3人めと考えるならなおさらです。

「保育所に入れなかったらどうしよう」
「育休後、ちゃんと復職できるのかしら」

漠然とした不安を抱えたまま、踏み切れないでいる人も多いかもしれません。けれど、100ページの項でも申し上げたように、**目先の「問題」ばかりに目を向けると、身動きがとれなくなります。**

ここはソリューションフォーカス（解決志向）で、考えましょう。

まずは自宅や職場近くにどのような保育所があるのか、会社の福利厚生はどうかなど具体的に調べてみてはいかがでしょうか。

あとは、150ページの項でも述べますが、育児プロジェクトのリーダーとしてチームを組み、実践していくだけです。そう、考え方は仕事と同じ。会社でさまざまな仕事をこなしてきたあなたならば、いたずらに不安がる必要はないはずなのです。

私自身は、結婚してすぐに出産。1年後には離婚し、シングルマザーに。息子と2人でどう生きていくのか、あれこれ迷っているヒマさえありませんでした。

「母子寮に入って、働き口を探そうか」

と、思っていたところ、実家の両親が幸いにも理解してくれて、「一緒に育てよう」と言ってくれたのがありがたかったですね。

若さゆえの勢いもあったと思います。けれど、まさに〝案ずるより産むが易し〟とはよくいったもの。自身の経験からそう思います。

忙しい職場だと、「産休、育休をとりにくい、言い出しにくい」とも聞きます。ですが、こう考えてみてください。少子高齢化が進むなか、将来の国家予算、つまり納税義務を担う大事な人材を生み出し、育てるのです。

「育児は、重要な国家プロジェクトを請け負っているんだ!」（笑）と、胸を張ってもいいと思いますよ。

子どもがいると肩身が狭い。そんなおかしな世の中の価値観も、私たちワーキングマザーの手で、ハッピーなものに変えていきましょう!

MESSAGE 20

地下1階と地上35階では、見える風景が変わります

PROBLEM 20

上司から昇進試験を受けるよう勧められています。「そろそろ先を考えて」と言われるけれど、管理職になっていいことあるのかなあ。積極的に「やりたい！」と手を挙げる理由もなく、専門職の道を選んだほうがいいのでは、とも……。

49％――この数字は、女性社員に対する意識調査で、「管理職になりたくない」と答えた女性の割合です（クレイア・コンサルティング調べ・２０１４年）。女性の登用が進んでいると思われる大企業対象の調査でも、約半数が「管理職なんてイヤ！」と思っているわけですね。

では、出世に対し、女性はなぜ消極的なのでしょうか。

女性脳が「自分や主観」を何より大事にするのに対し、男性脳は大きな仕事や社会、支配関係といったことに価値を感じる違いもあるでしょう。

古代、生きていくために、狩猟で獲物をつかまえなければならない競争下に置かれた男性に対し、女性は集落でコミュニティ作りを担っていたという、脳の記憶も影響しているといわれます。

さらに、夢や願望を追いがちな男性脳に対し、女性脳は極めて現実主義です。

「ミュージシャンになってビッグになってやる！」とか「競馬でひと山当ててやる！」と全財産をつぎこめる人は男性に多いですよね。

一方で、「管理職になると、責任も人間関係のストレスも増えるのに、自由な時間は反対に減るし、残業代ナシ……って、いいことないじゃん！」

と冷静に考えてしまうのが女性脳というわけです。

ただし、冒頭の調査の話に戻ると、半数近くが「絶対になりたくない」と思っている一方で、「やりたい」と答えた人は18・7％。

ということは、残りの32・3％の人は、中立ポジション。「やりたいとも、やりたくない」とも答えていないという結果ともいえます。

仕事は好きだけど、「上に立ちたいか？」と言われると、「私ごときが手を挙げてまで……」と考えてしまう生真面目な女性も多いのでしょう。


あなたもこうした中立ポジションで迷っているのでしょうか。

ここで、あなたの背中を押すアドバイス。

それは、「高いところに上がると景色が違って見えるよ」ということ。地下1階にいたら窓もなく、その部屋のことしかわかりません。しかし、35階から窓を開ければ、見える景色が全然違います。天気だってわかるし、建物の周りもよく見える。

そう、管理職になれば、今の人間関係からは知り合えなかった人とのネットワークが広がり、会社の費用で自己研さんを積むような機会にも恵まれやすくなるのです。

「会社の成長はどうでもいい。私は自分磨きだけに集中したい」という人も、「自分も成長できて、組織の役にも立てる」という視点を持てば、よりよいチャンスに出会える可能性も高まるのです。

物事を見る〝視座〟が上がれば、〝視野〟も開け、今まで見えなかったものが見えてくるわけですね。

また、スタッフのサポートが得られるようになれば、ひとりではできなかったことにトライすることも可能になる。仕事の楽しさも広がります。

もちろん、専門的なスキルを磨き、専門職として、仕事のスキルを極めていくことも重要なチャレンジです。

自分がどっちに向いているのか。組織で何を実現したいのか。

目先の損得だけにとらわれず、さまざまな人たちの意見も参考にしながら、じっくりとジャッジしてもいいのではないでしょうか。

MESSAGE 21

「青い鳥」は、自分の中にいます

PROBLEM 21

毎日がルーティンワークで、今の仕事にやりがいが感じられません。とはいえ、今の自分には取り柄もないし……。ともかく、このモヤモヤ感から抜け出したい！　思い切って留学するか、大学院にでも行こうか、とも考えています。

「今のモヤモヤ感をどうにかしたい」と、はやる気持ちはわかります。けれど、思ったような成果や結果が得られないからといって、

「私がいるべきなのはココではない！」

「そうだ、とにかく場所を変えよう！」

そんな思いだけで先走ってはいないでしょうか。

あれこれ動き出す前に、まず胸に手を当てて自分と対話してみませんか。私は、なんのために資格をとりたいんだろう？　留学したいんだろう？　――と。

めざすゴールがはっきりとイメージできればいいと思います。むしろ変化は大賛成！新しい門出をともに喜び、笑顔で送り出したい。

でも、現状への行き詰まり感から、「とりあえず日常をリセットしたい！」「何か変われるきっかけが欲しい！」と留学を検討してはいませんか。

そういうことならば、ちょっと待ってほしいのです。

96ページの項でも書いたように、**自分なりの幸せの形を見つけるには、まずはゴール（目的）ありき**です。目的もないまま、やみくもに何かを掛け合わせたって〝ゼロ

×変化〟はいつまでたってもゼロなのです。

留学をして英語を使えるようになったり、勉強して資格をとったりしたとしても、目的がなければ、そこから「はて、何をしよう?」と、頭を抱えてしまうことになります。頑張りがムダになってしまうどころか、今の会社でのポジションを失ってキャリアダウンしてしまう。さらにマイナス状況に陥ってしまう可能性もあります。

〝自分探し〟という言葉があります。

とかく女性脳の人は「自分にとって意味があるもの」を追い求めるために、感情のおもむくまま〝自分探しの旅〟にハマりがち。自分の人生なのだから、「好きなようにやりたい」という気持ちはわかります。社会のしがらみや序列を気にせず、大胆に人生の旅ができるのは女性脳のいいところでもあります。

けれど、厳しいことを言うようですが、場所だけをいくら変えても、「私」を主人公とした心地のよいストーリーは、残念ながら見つからないことが多いのです。

なぜなら、幸福の〝青い鳥〟は自分の中にしかいない、から。

そう。「素敵な自分」はどこかに探しに行くものではなく、自分との対話でしか見つけることはできません。**何が幸せか、それは自分にしかわからない**のですから。

なぜ、あなたは今、モヤモヤし、落ち込んでいるのでしょうか。

自分のことは自分が一番わかっているようで、意外にわかっていないものです。

「将来、どうなっていたいのか」を、自己に問いかけ、おぼろげながらでもいいのでゴールをイメージすることから始めましょう。

この章の冒頭でお伝えした、65歳の私をイメージしてみるのもいいかもしれません。変われるきっかけは、今あなたが抱えている問題から見つけるのではなく、めざすゴールから探し出せるはずです。

一時的な感情に流されて失敗をしないよう、そして長所、短所を踏まえ、自分の強みを最大限に発揮していく上でも、まずは自分に向き合ってみてください。

そう、〝青い鳥〟は自分の中にしか、いないのですから。

MESSAGE 22

ロールモデルは "身近な人"じゃなくてもいい

PROBLEM 22

上司からはリーダー職に就くよう、期待をかけられています。けれど、社内に女性の管理職がいないため、あるべき女性マネージャー像がピンときません。相談できるメンターのような人もいません。どう探せばいいものやら……。

ロールモデルとは、「こんなふうになりたい」という目標の人。メンターとは仕事やキャリアの相談にのってくれる助言者を指します。

大企業などでは、制度として「メンタリング（メンターから支援を受けること）」を採り入れている企業も増えてきていますが、お悩みにあるように、「そもそも上司は男性ばかりだし……」という会社もまだまだ多いでしょう。

けれど、メンターやロールモデルは「人」でなくてもいい、というのが私の考えです。驚かれるかもしれませんが、次の3つの選択肢で考えてみましょう。

1　社内の人でなくてもいい
2　女性でなくてもいい
3　実在していなくてもいい

まず、1の社外で探す場合。たとえば、男社会と言われる土木業界でも〝ドボジョ（土木女子）〟という呼び方が定着し、女性の存在が注目を集めつつあります。

社内に上司ポジションの女性がいなくても、「土木技術者女性の会」、「女性技術士の会」など、先輩たちが作った社外ネットワークが複数あり、役立っています。

ほかの業界でも同様で、こうした会にアクセスすれば、先輩たちに話を聞くチャンスはあるはずです。アンテナを広く張ることがポイントです。**業界専門誌を見たり、社外のセミナーなどに参加したりするのもいい**でしょう。

2の場合、「ヒト」として、つまり女性としての働き方は、女性でなければ相談しにくいとしても、仕事という「コト」にフォーカスしてアドバイスをもらうならば別です。社内で「こんなふうになりたい」と思える男性上司や先輩を見つけ、直接、お願いするのもいいのではないでしょうか。

3の「実在していない」メンターとは、私の場合、小説の登場人物。20〜30代のころは宮尾登美子さんの小説に影響を受けました。

たとえば『天璋院篤姫』。大河ドラマでも話題になりましたが、私は本を読んで、働く女性にとって大切なスタンスを彼女の生涯から学びました。

将軍家の正室として大奥に入った篤姫が激動の幕末に大奥を率いていく。実家の薩摩と婚家の徳川が対立していくなか、「女の道は一本道、戻るわけにはいかない」と覚悟を持って徳川や大奥を守ろうとした篤姫。剛健闊達にして賢明であり、つねに相手の気持ちを思いやる彼女の姿に、自分を照らし合わせ、私ももっとできることはないかなと思ったものです。

まさに、女性のリーダーシップ、キャリアアップに関する話です。

男性の経営者には、織田信長や徳川家康といった戦国武将の伝記を経営戦略に活かしている方も多いのです。「昔の話なんて時代や背景が違うのに……」と思うかもしれませんが、時代に流されず、長く読まれ続けているものには、学ぶべき点が何か一つはあると思います。

メンターに会って話を聞く際の注意点にも触れておきましょう。

会う目的をしっかり意識することと同時に、〝魔法の言葉〟を求めないこと。メンターは自分を劇的に変えてくれる〝魔法使い〟でもなければ、求める答えを瞬時にラインナップしてくれる〝グーグル〟でもありません。

メンターの役割は、あくまでも背中を押すことだけ。**最後的に決断し、実際に一歩を踏み出すのは自分**、ということを忘れないでくださいね。

MESSAGE 23

あなたらしい「リーダーシップ」を探そう

PROBLEM 23

チームリーダーに抜擢されました。前任の男性リーダーがカリスマ性のあるタイプだったので、そのカラーを引き継ぐべきか。それとも「風通しのよいチームを作りたい」という自分の思いを打ち出していいものなのか。迷っています。

リーダーというと、チームの先頭に立って、グイグイとみんなを引っ張る「俺についてこい」タイプをイメージする人が多いかもしれません。

しかし、リーダーのあり方は人によってさまざま。私も多くの企業のリーダーの方々にお会いしていますが、「これが正解」というものは存在しません。

〝鶴の一声〟でチーム全員を「右向け右」で動かすやり方もあれば、チームを構成するメンバーのさまざまな価値観、考えを吸い上げることで、新しい価値を生み出していくやり方もあります。

あなたらしいリーダーシップでいいのです。

どういうスタイルをとるにせよ、一番やってはいけないのが、途中でブレること。

・自分はどういうチームを作りたいのか

・何を大切にしていくのか

まずは、この2つをしっかりと考えること。そして、会社が期待していることについても上層部としっかり話し合うことが大事です。

自分がめざすハッピーなゴールとどうリンクさせるかを考えたら、自分なりに決断し、チームのカラーを打ち出していきましょう。

そもそも、体力やカリスマ性など、男性に勝てないモノ、自分にできないことにムリをして挑むのは、得策ではありません。

ここでも「問題志向」ではなく、「解決志向」で考えていきましょう。

女性脳的価値観で、チームの和を重視したいと考えるなら、

「役職に関係なく意見を言い合えるような、風通しのよいチームを作りたい」

といったことでいいのです。

むしろ、男性脳的価値観では実現できない〝何か〟を認められて、抜擢されたわけですから、上司とも話し合いながら、そこの部分をきちんと発揮していくことが、女性リーダーとしての上手なセルフプロデュースにつながってくると思います。

前にもお話ししたように、私たちがめざすのは、女性脳と男性脳の両方の価値観を持ち併せるハイブリッド脳です。

相手の気持ちを察することができる女性脳は、〝相手矢印〟で求められているモノやサービスなどを考えること、みんなが働きやすい親和性の高い組織を作ることも得意なはずです。

そこに男性脳が重視する「目標に向かって、きちんと成果を出していく」行動力や論理性などが加わっていくことで、今までになかった新しいモノ、価値観が生み出されていく可能性も高まっていくでしょう。

だからこそ、チームメンバーの多様な意見、価値観を吸い上げる度量のある、あなたのようなリーダーこそが、今後求められていく時代が来る。そう期待しています。

もちろん、今はその過渡期。壁にぶつかることもあるでしょうが、気負わず、強がらず、できれば楽しく。

自身がめざすゴールも見据えつつ、CHAPTER 1でも解説してきた男性脳上司や部下の操縦法のコツも参考に、上手にメンバーの肩を借り、あなたらしいリーダーをめざしてください。

MESSAGE 24

仕事とプライベート、トータルで100点をめざそう！

PROBLEM 24

最近、結婚をしました。今の仕事は、やりがいがある分、残業が多いため、育児との両立は難しそうです。体力的にもムリできるタイプではないので、今のうちに定時で帰れる事務職へキャリアチェンジすべきだろうかと悩んでいます。

会社に寝袋持参で泊まり込み。朝、会社に行くと、寝袋にくるまったミノムシ状の社員が床にゴロゴロ……。

かつては、24時間３６５日、会社にいるような〝ミノムシ〟的な働き方が評価された時代がありました。

しかし、時代は変わり、男女差関係なく、いろんな属性、いろんな働き方が浸透しつつある過渡期にあります。なんの制約もなかった時の自分の視点で、家庭を持った今の仕事ぶりを50点だと思ったとしても、視点を変えると違う「加点」が見えてくるかもしれません。

「いずれ周りに迷惑をかけるなら、早めに退いたほうが……」

と思いつつも、内心では、

「もったいないよな。今までやってきた仕事を手放すなんて！」

と思いが残るのならば、まずは今の職種をキープしたまま、ムリなく働ける方法を考え、上司に提案してみましょう。

もし、現状では時に夜を徹して働かないといけない職種・仕事であっても、工夫、交渉次第だと思います。

たとえば、医薬品業界のＭＲ（営業）。女性が多い職種ですが、日中、手術で忙しい大病院の外科の先生が相手では、夜中にしかアポがとれないケースもあるでしょう。ならば、子どもが6歳になるまで、比較的、時間のマネジメントが可能な小規模の医院や個人医担当に替えてもらう。そんな手もあるのではないでしょうか。

メーカーでも技術・研究部署ならば、会社に寝泊まりしなければならないこともあるでしょうが、時間のローテーションを考えてもらう余地はありませんか。

私たちが働く期間はおよそ40年。子育てに手がかかるのは、そのうちのわずか数年間です。一時ペースダウンすることをことさら恐れないでほしいのです。期間限定で考えれば、なんとか乗り切っていくやり方は必ずあるはずです。

私自身、小さい息子を抱えて生活していくために仕事を辞めるわけにはいきませんでした。

「この部分で成果をしっかり出していきます」

「ここまではできます。こういう働き方はありでしょうか？」

こうした提案、話し合いを上司と何度か持って、お互いに納得できる働き方を模索してきました。**仕事に対する誠意や責任をしっかりと持って、プレゼンをしていけば、道は開ける**ものだと思います。


そして、もう一つ、先輩ママからのアドバイス。

子どもが小さいうちは、仕事、家事、育児すべてに100点をねらうのではなく、**「3つ合わせて、トータル100点ならば合格！」**

そんなふうに、自分をちょっと甘やかすことも立派な自己管理、セルフマネジメントだと思いますよ。

自身の生き方の可能性を広げ、より楽しくハッピーなものにしていくためにも、後輩女性の働き方の選択肢を広げる意味でも、ぜひあきらめずに、ひと工夫、ひと提案にトライしてみませんか。

MESSAGE 25

「これでいい」ではなく、「これがいい」を見つける

PROBLEM 25

管理職にも興味はないし、キャリアにおいてめざすゴールや目標も思い浮かびません。自分らしく、そこそこのペースで働いて、平凡な生活を送れればいいと思っているのですが、それではダメなのでしょうか。

「無理せず、自分らしく生きたい」

そう考えること自体、何の問題もありません。誰もが管理職をめざさなければならないわけではないのですから。

でも、あなたが大事にしたい〝自分らしさ〟、あるいは〝自分〟とはなんなのか。少し考えてみましょう。


「Let It Go～！（ありのままのー　自分になるのー）」

２０１４年、大ヒットしたディズニー映画『アナと雪の女王』をご覧になった方も多いのではないでしょうか。２０００万人超という映画の動員数に加え、テーマソングの「Let It Go」ブームもすごかったですね。

「自分を抑え、いい子であれ」という呪縛から、ヒロイン自らの力で自分を解放するというストーリー展開が、日本語訳の歌詞ともあいまって、「もっと自由に、自分らしくありたい」と考える一定層の女性の心の琴線に触れたのでしょう。

ただ、もし歌の心地よいサビだけをとらえ、

「ありのままの自分でいいんだよね」
「私、このままでいいんだよね」

そう解釈してしまった人がいたならば、「ちょっと待った！」です。

主人公のエルサは、「自己を解放する」過程を経て、人の愛を知り、自分の能力を民の幸せ、国のために活かすことになります。私も映画のエンディングで彼女なりの本当の幸せをつかんだんだなあ、と感じました。

つまり〝自分矢印〟から〝相手矢印〟に成長することで、生きる本当の喜びを知ったというわけですね。

そう、「自分らしく生きる」のはいいのです。

ただし、その結果、**「誰をハッピーにしますか？　できますか？」というところまで考えなければ、単なる〝自己中〟**。「ありのままが一番！」と開き直ってはいないか、元〝自分矢印〟の先輩としては心配してしまうのです。

私が〝自分矢印〟から〝相手矢印〟に変われたのは、息子の存在があったからでした。**「息子の自立のために」という一心で生きてきたつもりが、息子によって自分が成長させてもらっていた**んですね。

彼がいることで、私は人のために生きる本当の喜びを知り、自分自身のやりたい仕事にたどり着くパワーとなりました。

〝育児は育自〟とはよく言ったものだなあ、と思います。

だから、あなたがどんな道を選ぶにしても、〝自分らしく〟のモノサシに加え、〝相手矢印〟という目線も忘れずにいてほしいのです。

それは誰かのためだけでなく、自分のためでもあります。

結局のところ、人は他者とのかかわり合いでしか〝自分〟を見出すことはできません。

だからこそ、「今のままでいい」「これでいい」ではなく、より他人に喜ばれるために「これがいい」と思える自分のゴールをぜひ見つけてほしい。そう願っています。

その先にこそ、〝自分らしい〟幸せの形が待っているのですから。

MESSAGE 26

この部署にいてほしい！と言われる存在になろう

PROBLEM 26

気がつけば、40歳目前。ずっと総務で働いてきて、転職で武器になりそうな専門分野もなく、管理職をめざせる器でもなく、単なる“お局”として、若手社員や男性上司から距離を置かれているように感じてしまいます。

日本人女性の平均寿命をご存じですか？　約87歳です。

順当に生きると考えれば、今、40歳目前でもあと約50年あります。

私がやりたい仕事にたどり着いたのも、40歳目前ギリギリでした。しかも新人状態でのスタート！　新しいことを始める時間は、まだまだ十分ありますよ。

それに、キャリアの選択肢は、専門職や管理職だけではありません。

今後、ある人財のニーズが高まっていくのでは、と私は考えています。


〝リレーションシップ人財〟。

そう私は呼んでいますが、職場の人間関係の向上、働きやすさなどに配慮するのが役割です。**チームや組織が円滑に回るようにリーダーシップがとれる人**というイメージでしょうか。

たとえば、なんでもメール連絡で済まそうとする若手社員に対して、社会人としての礼儀やルールを教えてあげたり、部署内の効率的な稟議の回し方をアドバイスしたり。逆に管理職の男性には、若い人たちの価値観を通訳して世代間ギャップを埋めたりといった具合です。

これからは、女性や外国人を初め、さまざまな属性の社員が増えますし、在宅勤務がOKになるなど、働き方も多様化していくでしょう。

従来の価値観は共有しづらくなり、今までのように「あ・うんの呼吸」では意思の疎通がはかれなくなってくるのではないでしょうか。


そこで、出番となるのがリレーションシップに長けた人財。チームの調和をはかるのが得意な女性脳的価値観です。なかでも、**人生の経験値が高く、業務以外のアドバイスができる、あなたのような人の存在感が増してくる**のです。

たしかに、若手社員にとって、自分の上司を時に「クン」づけで呼ぶような年上の同僚は付き合いづらいもの。それを心得た上で、周りから一目置かれるような頼れる人財になりましょう。

リレーションシップ人財の最大の武器、それは〝相手矢印〟です。

たとえば、ビジネスに場違いな服を着てきた若い女性社員に注意する際も、〝相手矢

印〟の視点を持てば、

「そんな服はダメ！　常識なさすぎ！」

と頭ごなしのコミュニケーションではなく、

「今の主流のオシャレかもしれないけれど、社外の男性クライアントは、ビジネス相手を外見でも判断するもの。ビックリされたら損でしょ」

と、叱られる側も納得がいく形で、かつ顧客目線のアドバイスができるはずです。

こうした数値でははかれない〝成果〟を出せる人財の価値を認め、きちんと評価できる組織を作るのも、女性脳的価値観を持った人々の役割だと思います。そして、それこそダイバーシティがめざす一つの方向性ではないかなと思うのです。

「どうせお局だし」などと、自分を卑下するのはもうおしまい。新しい視点で自身の能力を見直し、もっと自信を持ちましょう。

めざすゴールを描き直し、自分ならではの強みを〝相手矢印〟を忘れずに発揮していけば、きっとあなたならではの〝立ち位置〟が見つかるはずです。

COLUMN 2

考え方のクセを変える！ ソリューションフォーカスの思考法

何か問題に行き当たると、誰もがまず原因を追求しがちです。原因を分析する代わりに、「どうなりたいか」という未来イメージや目標に焦点を当て、具体的な行動を考えたほうが解決が早かったり、効率がよい場合もあります。

[問題追求による負のスパイラル]

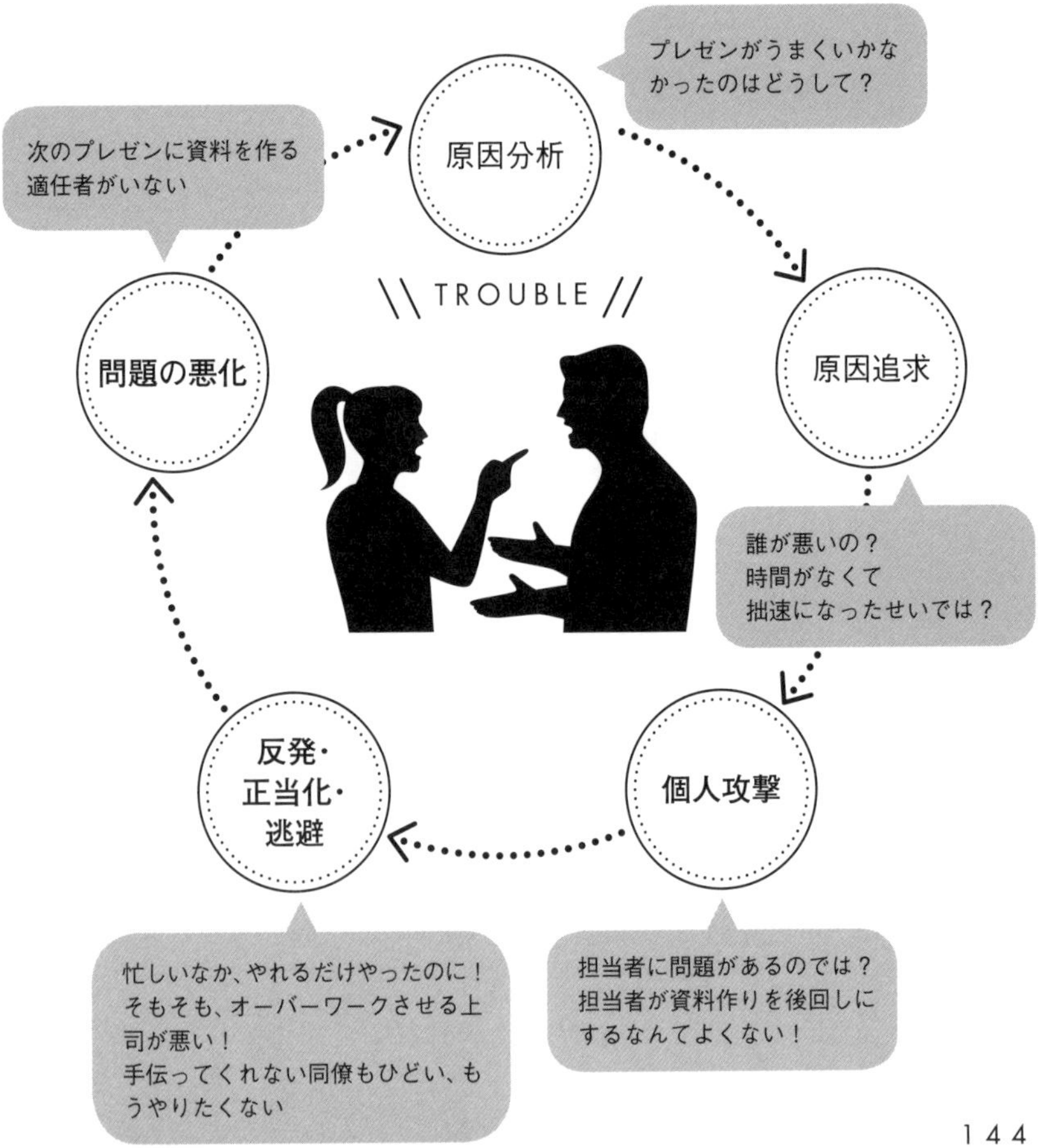

生産性を高めるソリューションフォーカス

「何が悪いのか？」

「原因をなくすにはどうしたらよいか？」

問題に直面した時、分析を深めてクリアすべき課題をいくつも挙げていく。そうした思考法はビジネスでも多く取り入れられています。100ページの項でも述べたように、問題が機械の不具合なら解決法は一つ。故障部品を取り替えるといった直接の原因を直せば済みますが、人や組織に関する問題の場合、それ以外の解決法も存在します。

右の図で例に出したように、「時間が足りない」という課題をなくしたからといって、プレゼンの成功に直結するとは限らないわけです。「何が悪いのか？」を追求する姿勢は相手を萎縮させ、事態をよけい悪化させてしまうことにもなりかねません。

「どうなりたいか」「何を手に入れたいか」という未来イメージを探求する姿勢こそ、相手の協力を引き出し、生産性を高めることにつながります。

次のページも参考にして、解決力を高めましょう。

ソリューションフォーカス（解決志向）・アプローチ

目標が100で、現状が50だとしましょう。プロブレムフォーカスは「50しかできていない」という未達成であることに焦点を当て「どうしてダメなの？」というアプローチをします。

一方、ソリューションフォーカスの場合は、「50までできていますね」という肯定（行動承認）をした上で、100の目標のその先、150まで見据える手法です。

〈プロブレムフォーカスの質問例〉

- やるべきだったのにやらなかったことは、なんですか？
- なぜ、やらないのですか？
- なぜ、できないのですか？
- 何が悪いと思っているのですか？
- 実現できないのは誰のせいだと思いますか？
- 失敗した原因はなんだと思いますか？
- 無理だと思った理由はなんですか？

・こうなったのは誰の責任だと思いますか？
・あなたの行動を邪魔しているものはなんですか？
・あなたが仕方ないとあきらめてしまう理由はなんですか？

〈ソリューションフォーカスの質問例〉

・この目標を達成して実現したいことはなんですか？
・どうしたらできると思いますか？
・これをやることであなたは何を得られますか？
・これをやることは誰かの喜びにつながりますか？
・何があれば始められますか？
・誰かの支援が必要ですか？
・どうしたら他者の支援を得られると思いますか？
・今、やっていることでうまくいっていることはなんですか？
・これから試してみたいことはありますか？
・やり続けていくために必要なことはなんだと思いますか？

COLUMN 3

思い通りの人生を叶える 4ステップ

キャリアプランをどう描けばよいかわからなくなったら、下の図を使ってゴールや、すべきことを書き入れてみましょう。

1 ゴールをイメージする

なりたい理想の自分を具体的にイメージしてみましょう。

あなたのゴール

2 現状を分析する

ゴールのイメージを叶えるために現在のあなたの状況、状態を把握しましょう。

あなたの現状

3 目標を決める

現在のあなたが実現可能な目標を定めましょう。何段階かに分けてもいいでしょう。

あなたの目標　ステップ1

③

あなたの目標　ステップ2

4 行動を起こす

実際に具体的な行動に移りましょう。

具体的なプランと実践

POINT!

ゴールはできるだけ具体的なイメージにすることが、達成の秘訣。ゴールをイメージするとハッピーな気持ちになるかどうかも大切です。

CHAPTER 3

ワークライフデザインで人生を豊かに

MESSAGE 27

育児は壮大なプロジェクト ひとりで抱え込まない

PROBLEM 27

出産を控え、いろいろと不安が募る日々。夫は毎日のように深夜残業だし、実家は遠いし、私ひとりに育児の負担がかかってきそう。仕事に復帰後の出張や子どもの急病への対応など、考えるほど両立させる自信がなくなります。

出産前は誰だって不安です。「両立させる自信満々！」なんて人、ほとんどいないのですから、ひとりで抱え込まないでほしいのです。

まずは、目の前のネガティブな問題からいったん離れましょう。

65歳の誕生日に設定した目的（ゴール）を思い出してみてください。

あるいはもっと近い5年後、夫と子どもとあなた、どんな状態がハッピーですか。

仕事との両立も含め「こうなりたい！」という将来像を描いたら、「どうやったらできるかな？　理想に近づけるかな？」という面に目を向けてみましょう。

そう。育児という長い一大プロジェクトに向かうからこそ、目先の「問題」だけにとらわれず、「解決」に焦点を当てる「ソリューションフォーカス」でじっくり考えてみてほしいのです。

プロジェクトのチームリーダーはあなた。ここは腹をキメましょう。

子育ては共同プロジェクトですから、もちろん夫にも参加してもらいます。今は残業続きで手伝えなくても、将来的に父親としてどうありたいのか、何ができるのか。育児に関わるチームの一員として、ミッションを考えてもらうことが大事です。

「俺、仕事で忙しいから、お前に任せる」なんてセリフは許さないこと（笑）。

実際に仕事に復帰したら、日々、やるべきことに追われ、じっくり考えているヒマも心の余裕もなくなります。

まだ余裕のある産休、育休中に、親としての自覚をお互い確かめ合い、復職後に向けて早めに準備をスタートさせることが大事です。

ワーキングマザーにとって必要な考え方、それはズバリ「遠くの親戚より、近くの他人」。

身内が頼りにならないなら、それ以外の〝サポーター〟の力を借りればいいのです。リストアップしていけば、保育所だけでなく、民間の家事サービスや地域行政の制度を利用したり、ママ友・パパ友とのネットワークで助け合ったりと、意外にいろんな方法があるものですよ。

たとえば、地域行政なら、「シルバー人材センター」を活用する手があります。

高齢者の生きがいも兼ねて運営されている自治体の組織で、当社でも週2～3回の頻度で、夕飯の準備などを依頼しているスタッフがいます。

彼女曰く「『ママが作ったのよりおいしい』（笑）と、子どもに好評」だとか。昔ながらの家庭の味が食べられるのもいいですね。時給がリーズナブルなのも魅力です。

ママ友ネットワーク以外にも、地域によっては保育所の送り迎えなどの助け合いを支援するマッチングサービスを行なっている民間の会社もあります。

ベビーシッターを使うとなると料金も気になるでしょうが、公的助成制度（ベビーシッター育児支援割引。利用条件あり）もありますし、ベビーシッター代が一定の自己負担額を超えたら、補てんしてくれるような制度を設けている企業もあります。

会社の福利厚生制度も、しっかりチェックしておきましょう。

誰だって初めての育児は不安が先立つもの。

私も、たくさんの人たちの支えがあったからこそ、仕事を続けながら、息子を育てることができました。ひとりではできなくても、チームなら乗り越えられるのは、あなたも仕事で経験済みのはずです。まずはしっかりと夫と向き合い、家族でめざす幸せのあり方を描き直してみてくださいね。

MESSAGE 28

「〜ねばならない」より「〜したい」を大事に！

PROBLEM 28

育児休暇を1年とる予定でいます。制度があるのはありがたいのですが、この間、仕事もせず、子どもと２人、世の中から取り残されそうな不安も……。復帰した際に、“浦島太郎”状態にならないための心構えを教えてください。

（自分の何もかもが、なくなっちゃったんだなー）

生まれたばかりの息子と家でぽつねんと、ひとり、そんな思いにかられていたことがあります。

1度めの結婚ですぐに出産。夫の地方転勤についていくため仕事も辞めてしまい、見知らぬ土地で家族も心が許せる友だちもいない。しかも、当時はネットもなく、本屋に行かねば本も買えず、情報源といえばテレビか新聞ぐらい。

帰宅した夫と話そうとしても、

「今日、テレビのワイドショーでね……」

そのぐらいしか、話すことが思いつかないのです。

（ふーん）と、つまらなそうな顔をする夫に、（このままじゃ、私、ダメになる……）。ドヨーンと落ち込んでしまったことを思い出します。

あなたも、そんなふうに社会に取り残される不安にかられているのでしょうね。

けれど、今はその気になればネットでいろんな情報が集められる時代です。

まずは取り残されないために、「何かやらなきゃ！」から、少し視点をズラして考えてみましょう。

「やりたい」と思いながら、仕事の後回しになっていたことはありませんか。

健康な状態で1年も休めるなんて、めったにありません。**「英語や資格の勉強をしたい」と思っていたならば、この機会にチャレンジしてみましょう**。わざわざ学校に行かなくとも、オンラインで気軽に学習できるのですから。

私の周りでも、休職期間を資格の勉強に充て、復職後、見事に試験に合格。社内でキャリアアップを実現した女性も数多くいます。

地域のサークルやボランティア、自治会などに積極的に参加して、ご近所付き合いを深めるのもオススメです。子育てする上で地域のつながりがあると心強いもの。**子どもを見守ってくれるサポーターをこの期間に増やしておく**。これも、安心して復職するためのポイントです。

見方を変えれば、むしろ育休こそ、やりたいことに向き合える最大のチャンスともいえるのです。

だからこそ、「〜しなきゃ」より、「〜したい」を大事にしてほしいのです。

「あれもしなきゃ、これもしなきゃ」と義務感にかられてしまうと、子育ても勉強もすべてが苦しくなります。

そうでなくとも育児中は、こちらの都合お構いなしで、いろんなことが起きます。

やっと子どもが寝てくれて、「よし、ここから自分の時間！」と思っても、突然、泣き出したり、泣きやんだと思ったら、じつは熱があって、病院に連れていかねばならなかったりと、思う通りにいかないことばかりです。

あれもこれもと頑張りすぎず、勉強する時はしっかり勉強する。

けれど、子どもに向き合う時は、ガッツリ向き合う。「今日はもう集中できないな」と思ったら、いさぎよくパソコンを閉じる割り切りも、時には必要ですよ。

さて、せっかくの1年の休暇、子どもと2人、どのように過ごしますか。

もちろん、焦らず、欲張りすぎず。

まずは、ずっとやりたかったことを、じっくり探してみてください。

MESSAGE 29

夫をイクメンに育てるのは あなたの腕次第

PROBLEM 29

夫に家事を指示出しすると怒るし、黙っていたら一向にやってくれません。娘を保育園に連れていくだけで大いばり。ダメ出ししてケンカになるなら、つい「自分がやればいいか」となって、毎日モヤモヤしています。

男性脳の上司や部下とのコミュニケーションのツボ、覚えていますか。

そう、具体的に「目で見える行動で示す」こと、でした。そして、言わなくとも**「気持ちを察してほしい」はNG**でしたよね。夫に対しても同じです。

たとえば、夕食後、あなたが（今日は疲れたなあ）とグッタリしているのを尻目に、夫がテレビを見にさっさとリビングに行ってしまったとします。

（こっちも仕事で疲れてるんだから、たまにはお皿ぐらい洗ってよ）

〝察してほしい〟女性脳としては、そう思ってしまいますよね。

けれど、**言われないと気づかないのが男性脳**、なんです。


「今日のご飯は？　ないなら俺、遅いから」

20代のころ、息子と2人、病気で寝込んでいる朝、夫にそう言われ、プツンと切れてしまったことがあります。

こちらの状況、気持ちを察することがなかなかできない男性脳は、悪気もなく、そんな言動をとってしまうことがあるんですね。

そこではっきりと「こうしてほしい」と言える人ならいいですが、あなたのように（いいや、私が我慢すれば……）と、感情を押し殺してしまう女性も多い。けれど、一つ一つの不満は小さくとも、毎日、たまれば、いつか〝コップの水はあふれてしまう〟のです。爆発して大ゲンカ！となる前に、「やってほしい」「手伝ってほしい」ことは具体的に伝えるのが、家庭と心の平和をキープするコツです。

私がオススメしているのが、あらかじめ家事を〝見える化〟しておくことです。たとえば、190ページに挙げたように、「朝食を作る」「片付け」「保育所からの迎え」「お風呂に入れる」などの項目別に所要時間を書き込み、外部サービスへの委託も含め、担当を決めておくのもいいでしょう。

やるべきタスク（仕事）をリストアップし、チームとして共有すれば、「一緒にやりとげよう！」という当事者意識もわいてくるはず。

そう、仕事と同じです。

「いつも帰りが遅い」「出張が多い」という夫には、マメに子どもの写真や動画を送り、「今日はこんなことができた」「ご飯をこんなに食べた」といった〝育児日記〟をシェアするのもいいと思います。知人も、この作戦で「『子どもの顔が見たいから』と、夫が前より早く帰るようになった」とか。

夫をイクメンにするもしないも、妻の操縦次第というわけです。


家庭株式会社の社長になりましょう。そう、あなたが社長です。

右腕となるのが夫ですが、彼のメインの仕事はたとえば〝営業〟だとします。

ならば違う部署の人に、家庭のいわば〝総務〟の仕事も手伝ってもらうにはどうするか？　ボスであるあなたの工夫次第、というわけですね。

「いちいち面倒だなあ」と、思うかもしれません。

けれど、社長が理想の会社をめざすように、

「家庭をどんなハッピーな形にしようかを決めるのは私の役割なんだ！」

そう腹をくくれば、案外、やりがいのある楽しい仕事かも?と思えてきませんか。

ただし「社長は私よ」と宣言するのは心の中でお願いします。

MESSAGE 30

ヒーローマネジメントで、家事メンを育てる

PROBLEM 30

ヒマな時、気が向いた時しか、夫が家事を手伝ってくれません。しかも夕食の後片づけを頼んだら、皿を洗うだけでシンクのごみはそのまま、周囲は水浸し！　何からどう注意すればいいのか考える余裕もなく、イライラしてしまいます。

1日24時間のうち62分――これは、日本の男性が、家事や育児に費やす平均的時間です。ナンと見事に先進国29か国中27位！

しかも中途半端な仕事ぶりをされた日には、イライラしてしまうあなたの気持ちもよーくわかります。けれど、経験の浅い〝部下〟を持ってしまったと思えば、育てがいがあるというもの。家庭の社長であるあなたの腕の見せ所です。

ここでも男性脳の特性を活用した作戦でいきましょう。

ズバリ、名づけて**「ヒーローマネジメント」**。

男性脳は、あなたの気持ちに共感したり、察したりするのは苦手ですが、「問題を解決する」のは大好きです。ならば、家事でもこの傾向をしっかり利用しようというのが、「ヒーローマネジメント」のキモです。ポイントは2つ。

1　やってほしいことを具体的に伝える

2　やってもらったら「ありがとう！」と行動をしっかり認める

つまり、行動承認によって「俺って、役に立つ男！」と、文字通り夫や彼氏をヒーローに仕立て上げるわけですね。

カンタン、シンプルな作戦ですが、1の「具体的に伝える」と、2の「行動を認める」(行動承認)については、ちょっとしたコツがあります。

たとえば、お悩みのケースでも、「夕飯の後片づけをしてね」と言ったら、女性としては、①皿を洗う、②棚にしまう、③生ごみを処理する、④食卓を拭く、といった一連の作業を指し、相手も理解しているものと期待します。

けれど、大半の男性はそこまで気が回りません。

「ごみまで捨てといてよ！　なんで気づかないの！」

「ちょっとヤダ！　テーブルがベタベタのままじゃないの！」

皿を洗っただけで〝ドヤ顔〟している夫に、つい言いたくなりますが、悪気はないんです。「言ってくれなきゃわかんない」だけなんですね。

順序として、**まずはやってくれたことを、しっかり認めること**が先決です。

「お皿下げて、洗ってくれたの。うれしい、ありがとう、助かる！」

さらなるリクエストは、〝ヒーロー〟に仕立て上げてから、です。

「今度は生ごみの処理もしてくれると、なお助かるなあ」

と、命令にならないよう具体的にお願いしましょう。

行動を承認され、自尊心がくすぐられた男性脳としては、「そっか、ごみの処理ね、了解！」と、次も張り切って取り組んでくれるはずです。


（なんで夫の機嫌をわざわざとらなきゃいけないの……）

（仕事で疲れているのはお互いさまなのに……）

そう思うかもしれません。

夫は自分を映し出す鏡だと考えてみましょう。〝鏡の法則〟といって、あなたが「ありがとう」という気持ちで相手に接すれば、その気配り、優しさはきっとあなたにも返ってくるはず。ネガティブな感情をぶつけたら……、そう、逆も然《しか》りなのです。

夫相手に、イライラッとした気持ちが沸き起こってきたら、いったん深呼吸。そして、夫をうまく持ち上げて、外でも家でも〝ヒーロー〟としてしっかり活躍してもらいましょう。

MESSAGE 31

あなたから同僚にできる〝ギブ〟を考えよう

PROBLEM 31

時短勤務中です。保育園から呼び出しがあると、男性上司は「気にしないで早く帰れ」と言ってくれるものの、フォローに回る後輩女性の目は心なしか冷たい感じで……。周囲の理解や協力を得るためにはどうしたらいいですか。

お悩みのケースの場合、男性上司のほうが「優しくしてくれる」ように見えがちですが、そこに甘えすぎるのはキケンです。

育児についても〝理解ある〟ポーズを見せておきながら、

(呼び出しがあるたびに、帰られたんじゃ困るなあ)

と、内心では思われている可能性もあります。

時短を利用している人とそうでない人の間には、当然、早く帰ることに対する温度差はあります。

(育児中だから、理解してほしい)

(同じ女性なんだから、わかってほしいな)

という〝自分矢印〟な思いはいったん置いておきましょう。

理解を求めるより、まずは行動で示すことが先決です。

会社にいる限りは、誰に対してもしっかりと〝仕事モード〟で接すること。そして、普段から迷惑がかからないように体制を整えておくことが大前提となります。

私が実際にやっていたのが、**自分の仕事の進捗をメンバーと共有する**こと。

たとえば、自分の仕事の進捗状況がひと目でわかる「まとめ共有フォルダ」を作ってシェアし、1日の仕事の振り返りや、結果を出すための具体的にやった行動についても、プロセスを記しておくのです。

子どもの病気などで急に退社することになっても、スムーズに引き継ぎができ、仕事が滞るリスクを減らすことができました。上司からも、「ここまではできているんだね」という安心感と一定の評価も得られると思います。

自分が最大限に「やっていること」「できること」を〝見える化〟して初めて、万一の際に、「こっちでカバーしておくから、ムリせずに早く帰りなよ」という周囲の理解や協力も得られやすくなると思います。

また、**子育てのバックアップネットワークを整えておく**のも大事。代わりに迎えに行ってもらえるママ友やご近所さんがいるとずいぶん心強いものです。〝お迎えから夕飯までごちそうになれる〟関係のママ友がいる知人は、「仕事でトラブルが発生した時に、本当に助かった」と言います。

仕事のカバーに回ってくれる人には、162ページの項でお伝えしたヒーローマネジメントも上手に活用しましょう。

そこでも、ただ「ありがとう」「ごめんね」だけではなく、

「これをやってくれて、すごく助かった」

「代わりにフォローしてくれた件、お客さんがすごく喜んでいた」

などと、具体的な行動に対し、感謝の言葉を伝えるのがポイントです。

後輩女性にも、ランチをおごったり、スイーツを差し入れしたり、とたまには目に見える〝ギフト〟でお礼の気持ちを伝えるのもいいのでは？

そう、ここでも〝自分矢印〟の「私ってタイヘン！」ではなく、〝相手矢印〟で、

「手伝ってくれる人たちに、自分が何をギブできるのか」

を考えましょう。

そして、かつての自分がそうであったように、縁の下で頑張っている若い女性の働きにも目を向け、彼女たちの努力や心のモヤモヤにも気を配れる、素敵な先輩女性をぜひめざしてくださいね。

MESSAGE 32

〝時短〟の上司こそがリーダーの理想像!?

PROBLEM 32

時短勤務のままマネージャーに昇格。後輩、部下たちが一生懸命働いているなか、上に立つ人間がいち早く帰るのに、どうも引け目を感じてしまい、なんとなく部下に出す指示も遠慮がちになってしまいます。

時短勤務であるなしに関わらず、〝何か〟を買われ、リーダーに抜擢されたのですから、自信を持って、自分の強みをしっかりと打ち出していく。これが今、あなたに期待されていることです。ヘンな遠慮は禁物。「早く帰っちゃって大丈夫かな～」なんていう態度では、部下の立場から見ても、逆に不安材料になりかねません。

そもそもマネージャーというポジションにとって、〝時短〟はネガティブな材料なのか？　私はそうは思いません。

ひと昔前の深夜残業をして、その後みんなで飲みに繰り出す、といった男性社会的な働き方がもてはやされていた時代なら、肩身が狭い思いをしたかもしれません。しかし、今は民間企業でも官公庁でも、朝の出勤時間を前倒しにし、残業を禁止するような動きが加速化しています。

明らかに、時代は〝時短〟に向かっているのです。

そもそも、今の若い世代は男性も含め、プライベートを重視し、意味なくダラダラ残業したり、飲み会に付き合わされたりすることを嫌います。

限られた時間内で効率的に仕事を進め、「早く帰る」ことを自ら実践する**タイムマ**

ネジメントに優れた上司こそが、若い部下の目にも「あんなふうになりたい」理想のリーダー像に映るはずです。

私の知人には、16時退社でキチンと成果を出している、女性執行役員の方もいます。男性でも「妻のキャリアのために育児を手伝うので」と19時退社を宣言。夜のお付き合いも「行けません」ではなく「3か月後のアポイントでお願いします」と取り引き先に伝え、しっかりとタイムマネジメントをしながら管理職になった方もいます。

じつは、時短勤務をしているワーキングマザーたちに聞くと、

「効率よくやる力がついた」

「仕事の優先順位を早く決定できるようになった」

「制約がある分、成果をしっかり出すという気持ちで仕事に向かうようになった」

などなど肯定的。**育児が仕事の足かせになるどころか、むしろ「プラスになった」という人が多い**のです。

私自身、複数の仕事を同時にこなしていくマルチタスク能力など、慌ただしい子育

てを通じて、磨かれた仕事のスキルは数多くあります。

さらに、管理職ならば、リスク管理の力が時短によって自然と身につくことは大きなアドバンテージといっていいのでは？


そう、育児とは日々、何が起こるかわからないプロジェクトです。

親子でいくら体調管理を徹底しても、学校でインフルエンザが流行すればアウト。私自身、子どもから自分にうつってダウン！といった事態も、たびたびありました。

だから、つねに仕事で「明日でいいや」の後回しはなし。いつ自分が倒れても大丈夫なように二重三重のリスクヘッジを考えるようになりましたし、万一の呼び出しにも備え、「絶対にやらなければならないことから効率的にこなしていく」仕事の段取り力もついたように思います。会社でないとできない仕事は早めに片づけ、在宅でもできる仕事を持ち帰ることもありました。

時間的制約で「できない」ことより、「できる」ことに目を向け、あなたらしいリーダーのあり方をめざしてください。

MESSAGE 33

我が子を〝子ども様〟にしない

PROBLEM 33

子どもの成長が遅れているようで、気になります。私が働いているせいで一緒に過ごす時間が少ないからなのかも、と。専業主婦のママ友は、入園前から塾に通わせたり、習い事をさせたりしていて、ついつい比べてしまいます。

（幼稚園に行くの、イヤだなあ）
遠い昔の幼稚園時代、何度かそう思ったことがあります。それは、私が周りの子たちに比べて、な〜んもできない不器用な子だったから。

粘土細工もヘタで、ビーズ刺繍もグチャグチャになってしまう。「私ってなんでできないんだろう」。幼心に器用な子がうらやましくてたまりませんでした。

障がいを持つ息子をどう育てるかを考えた時、
「周りと比べるのはやめよう」
と、決意したのはこうした自分の経験もベースになっています。

特別支援学級を選んだのも、本人の特性に合う教育で、「よいところを存分に伸ばしてあげたい」と考えたからです。

「普通学級に入れたほうがいいんじゃない？」「障がいの烙印を押すのはかわいそう」と言う人もいましたが、〝普通〟にはこだわらず、「息子の自立」というゴールに絞り、その思いを先生にも伝え、周囲の人たちにもサポートをお願いしました。

ある時、学校に行くと、息子がパンジーの苗を黙々と植え替えていました。私だったら、1分でイヤになってしまうような細かくて地味な作業です。

「すごいなあ。根気強いなあ」。心から尊敬しました。

（この子にしかできない役割が必ずある）と、確信できた瞬間でもありました。


私が、育休から復職した女性社員向け研修で、必ず伝えることがあります。それは、「子どもを〝子ども様〟にしたら、むしろかわいそうですよ」ということ。

親心としては、「できるだけよい環境を与えてあげたい」と、何もかもやってあげたくなる。周りを見て、「ウチもやらなきゃ」と焦ってしまう気持ちもわかります。

でも、それは子どものためという〝相手矢印〟の考えのようで、そのじつ自分のエゴ、〝自分矢印〟の行為につながっている可能性もあります。

子どもは与えられた〝役割〟の中で育つもの、ではないでしょうか。

ウチの息子には、小さいころから掃除や洗濯はしっかりと手伝いをさせましたし、今は料理でも戦力になるよう仕込み中です（笑）。

子どもは、幼少時の私のように「できないこと」だらけでも、**一つでも自分なりの**

役割を持つことで、自分を肯定できるようになると思います。自己肯定感を育てることは、しつけや勉強よりも、もっと根本的な親が果たす役目ではないでしょうか。

昔の子どもは、みんな何らかの役割を持っていました。

家が魚屋さんなら、時に店頭に立ったり、八百屋さんなら、野菜を並べるのを手伝ったり、農業をやっているなら、田植えを手伝ったり……。

それほど大層なことでなくても、自分の洗濯物ぐらいは畳む、といった役割を持つことで、子どもは少しずつ成長し、自立していくと私は考えています。

だから、子どもに何かがあるたびに、「私が働いているせい?」「一緒にいる時間が短いから?」と、自分を責めることだけはやめてほしいのです。

私の母もそうでしたが、仕事中は仕事に集中し、**短い時間でも一緒にいる時は子どもに集中する**。周りと比べて慌てて習い事を増やしたりするより、よっぽど子どもは幸せなのではないでしょうか。

そろそろ他人と比べるのはやめませんか。めざすゴールも、思い描く幸せの形も人それぞれ。育児のスタイルも「みんな違って、みんないい」でいきましょう!

MESSAGE 34

ママ友とのお付き合いは〝ギブ〟の精神で！

PROBLEM 34

仕事をしているため、ＰＴＡの行事などは、基本的にパスさせてもらっています。でも、（仕事してるからってズルい！）という専業主婦グループからの冷ややかな視線も気になりつつ……、どうしたら彼女たちと良好な関係を築けますか？

「私、ゆるキャリののんびりタイプだから、仕事第一のママとはちょっと……」

「専業主婦のママと何を話せばいいかさっぱり……」

女性は、仕事への向き合い方や住んでいる場所、あるいは夫の地位などで〝クラス分け〟、いわゆるマウンティングをするのが好きです。しかも、女性脳は「共感」するのが大好きなので、似たような属性のお友だちでグループを作る傾向にあります。

まずは「働いている・いない」でマウンティングをしない。

共感しづらいからといって苦手意識を持たない。

これが、ワーキングマザーと専業主婦が上手に付き合っていく大前提です。

その上で、お互いの価値観を認め合いつつ、心地よい関係を築いていくには、どうしたらいいいか。ご参考までに私がやっていたことを紹介しましょう。

フルタイムで仕事をしていた私は、平日の午前中に行なわれるＰＴＡの行事に参加することは、物理的にムリでした。

けれど、「私は仕事がありますので失礼！」のひと言で済ませたのでは、「何ソレ！

私たちだって忙しいのに……」と反感を買うこと間違いなし。

そこで、（参加しなくても、私にできることは何か……?）と考え、

「会合で決まったことを、パソコンで議事録にまとめます!」

と宣言したのです。

パソコンの扱いには慣れていますので、作業自体はお手のもの。仕事を終えた足でママ友の家に資料を取りに行き、夜中にカチカチと打ち込んで、翌日、ママ友全員に配布。すると「忙しいのにありがとう!」「夜中に仕事させちゃってごめんね」と喜ばれました。


次に考えたのは、（専業主婦のママたちが一番欲しいものをプレゼントできないかな）ということ。思いついたのが〝時間〟でした。

彼女たちは、24時間365日、主婦という終わりのない仕事に携わっているようなもの。夫や子どもたちからいつでも当てにされる、ホントに大変な仕事です。

そこで、彼女たちを慰労するために、2〜3か月に1回の割合で、子どもたち5〜

6人を預かるベビーシッター業を申し出たわけです。

特別なことをするわけではなく、大きめの国立公園で子どもたちを遊ばせておくだけ。自分の子どもを連れていくついで、の感覚なのでお金も手間もかかりません。

それでも、美容院に行ったり、デパートに買い物に行ったりと、自由を満喫したママたちからは、「ホントに助かる！」「ありがとう」といつも感謝されました。

こうして、自分ができる範囲で〝ギフト〟を贈り続けたことで、彼女たちとの間にぼんやりと感じていた壁がなくなっていき、運動会前日などの準備も、「竹之内さんは仕事が忙しいんだから、いいよ」と言ってもらえるようになりました。

相手のニーズを汲み、自分から〝ギブ〟すること。ママ友との付き合いに限らず、人間関係のコツはそれに尽きるのではないでしょうか。

会社内で男性的価値観に歩み寄ったり、営業でお客のニーズに沿ったサービスを考え、提供したりするのも同じことです。

そして〝相手矢印〟で〝花を持たせ〟つつ、最後に自分もしっかり〝実をとる〟。

仕事もプライベートも、双方がハッピーになれる作戦を賢く考えていきましょう。

MESSAGE 35

孫に甘い実母には〝プロ母〟スイッチを

PROBLEM 35

実家の母に子どもを預けると、お菓子や好きなものばかり食べさせるなど、甘やかし放題で正直困っています。「甘いものは控えているから」と伝えたら、なんだか険悪モードに。どうしたら母にこちらの方針をのんでもらえるでしょうか。

「お母さん、子どもに勝手に甘いものあげるの、やめてくれるかな！」

とかく、実の母親が相手となると、こうしたキツい言い方になってはいないでしょうか。

もちろん、そう言いたくなる気持ちも、わかります。

バリバリのキャリアウーマンだった私の母は、しつけに関しても厳しい人でした。

「虫歯になるから！」と甘いもの厳禁で、あの小さなヤクルトでさえ1日2本以上は飲ませてもらえませんでした。

ところが、そんな母が孫である私の息子には5本パック全部を飲ませてしまう勢いで、甘やかし放題。孫パワー、恐るべし……です。

しかし、そこで冒頭のような言い方をしてしまっては、「あなたの代わりに、面倒見てあげているのに！」と親子げんかになること必至です。

育児プロジェクトにおいては、実母は強力なサポートメンバーのひとり。

いざという時の心強い味方を失わないよう、言い方、伝え方にはひと工夫をしましょう。

ポイントは、**子ども時代、母親がやってくれたことをしっかり承認すること**。

昔の〝プロ母〟スイッチを蘇らせるのが目的です。たとえば、

「虫歯になったら怖いじゃない？　私もお母さんに厳しく、甘いものを禁止されたおかげで、今も歯が丈夫だしね。だから孫にも同じように接してほしいんだよね」

どうでしょうか。

おばあちゃんモードだと、際限なく孫を甘やかしてしまいがちなところを、**母親モードに戻してあげる**わけです。「子どものためにこうしてほしい」という思いも共有しながら、娘としての感謝の気持ちも伝えられるのですから、一石二鳥ですね。

夫の義母へも同じです。

「お義母さんが、○○さんを食事に厳しくしつけてくださったおかげで、今も好き嫌いがなくてとても助かってるんです」

夕食前にお菓子をあげたり、好きなものだけをあげたりといったふうに無条件に甘やかすことを、やんわり防ぐことができるのではないでしょうか。

両親のサポートを受けるため、実家近くに住み、通勤時間が増えたりすると、子育

てが親任せになってしまうということはよくある話です。

そこで、同じ目線と価値観で子どもに接してもらうためには、夫に家事を協力してもらう時と同じ。**情報の共有化がポイント**です。

「健診で教えてもらったんだけど、大人が咀嚼したものを子どもに与えると虫歯になっちゃうんだって。離乳食はスプーンで食べさせてくれるかな」

「保育園の先生に聞いたら、オムツがはずれるのは2～3歳だって。失敗ばかりして自信がなくなるより、ゆっくり始めようと思うけどどう?」

子育ての常識自体が違う場合もありますから、具体的に説明しましょう。

また、〝外で働く父、家を守る母〟という古きよき家庭で、一生懸命やってきた育児や家事を認めてもらったことがない元〝お母さん〟も多いと思うのです。

だからこそ、実母であっても〝相手矢印〟で気持ちに寄り添い、母親がやってきてくれたことに感謝の気持ちを伝えてあげてほしい、のです。

同じ子どもを持った母親同士だからこそ、わかり合えることも多いはず。新たな育児プロジェクトに向け、仲よくタッグを組んでいきましょう。

MESSAGE 36

「ごめんなさい」より「ありがとう」

PROBLEM 36

生まれた子に軽度の障がいがあることがわかりました。今後、障がいの進行の度合いにもよりますが、第三者にサポートをお願いするのは心苦しいし、人に迷惑をかけたくないと切に感じています。仕事は辞めるべきでしょうか。

私自身、発達障がいを持った息子を持つ身として、同じような境遇の親御さんから相談を受けることがあります。

「他人に迷惑をかけたくない」という気持ちもよくわかりますし、症状や障がいの度合いによっては、大変な心理負担がかかりうることもお察しします。

それでも、やはり第三者の方たちとしっかりコミュニケーションをとった上で力も借りることが、結果的に子どものためにもなるのではないでしょうか。自身の経験からもそう思うのです。

障がいがあっても、残念ながら、一生、親が守ってあげられるわけではありません。いつかはひとりで、社会に出て行かなければならないし、苦しくても他人と関わっていかねばならない。それが現実です。

私が息子の教育方針として、「自立」を強く意識したのもそのためでした。

自分が死んだ後、誰かの手助けが絶対に必要だとしても、お世話になるだけでなく、「他人に、何かをプラスで返せるようなものをしっかりと持たせてあげよう」と。

その思いを、周囲にも伝え、特別支援学級の先生を初め、いろんな方々にサポートをお願いしました。

彼が社会に出て、曲がりなりにも仕事で誰かの役に立てているのは、私だけでなく学校の先生や、その他大勢の方々が同じ目線で見守ってくれたおかげだと考えています。人間とは、社会全体で育まれるものなんですね。

息子にできるだけ家事を手伝ってもらうようにしたのは、「〝人のために働く喜び〟を味わって、人に何かをギブできる子になってほしい」という思いからでした。

肩をもんでくれるたびに、「ああ身体がラクだわ、ありがとう」と伝え、料理を作ってくれたら「美味しい、週1回ぐらい作ってくれるとうれしいな」と感謝し、とヒーローマネジメントをしているうちに、すっかり癒し系の家事メンへと成長してくれました（笑）。

「障がいを持つ人をサポートする」という使命感を持って仕事をしている人たちに対しても同じで、しっかりと**彼らの手を借り、感謝するということこそが、じつはその**

人たちの喜びにつながっている側面もあると思うのです。行動を認めて、心から「ありがとう」を伝える。再三、お話をしてきた行動承認ですね。

「迷惑をかけるのがツラい」「心苦しい」と感じているとするならば、自分自身の感情のほうにベクトルが向いてしまっているのかもしれません。

「ごめんなさい」より「ありがとう」を口癖にしませんか。

サポートする人の立場になってみれば、相手から「ごめんなさい」と言われたらどう思うでしょう。「すまない気持ちにさせちゃった」と感じませんか。

では「ありがとう」と言われたら？　「役に立ててよかった。うれしいな」と感じるのではないでしょうか。言葉を変えるだけで、サポートする人を認め、肯定感を与えられるのです。

そう考えれば、お子さんの存在に誇りを持てるのではないでしょうか。私もそうでした。

ぜひ、閉じこもるのではなく、自信を持って外とコミュニケーションをとっていただきたい……同じ悩みを抱えていた先輩として、勇気ある一歩を願っています。

COLUMN 4

家事の見える化シートを活用しよう

家事や育児は、時間をかければキリがなく、夫婦間でも「これでいい」という基準や「これはキツい」という負担感が違います。家事や育児に関する細目を見える化することで、夫婦で振り返りや協力体制を整える助けになります。

[記入例]

時間	項目	所要時間	担当			
			あなた	パートナー	両親	サービス利用
6:30	朝食の支度	20分	○			
7:00	子どもの着替え、登園準備	15分		○		
7:30	朝食の片づけ	15分		○		
	子どもに母乳	20分	○			
	洗濯干し	10分		○		
8:00	保育園に送る	20分	○			
8:30	掃除機をかける	20分		○		
18:00	保育園へお迎え	20分	○		△	△
18:30	夕食の支度	40分	○		△	
	洗濯の取り込み、片づけ	20分	○		△	
19:30	夕食の片づけ	20分	○			
20:00	子どものお風呂入れ	30分		○		
	子どもの登園準備	10分	○			
21:00	寝かしつけ	30分	○			

時間	項目	所要時間	担当			
			あなた	パートナー	両親	サービス利用

COLUMN 5

サポーターを増やす声がけ例

パートナー（夫）へ

●出産前の保活（保育園への入園活動）に協力してほしい

NG「生まれてからじゃ遅いんだからね！」

OK「保育園の情報をインターネットで調べてもらえない？」

妊娠中からだんだん母親の自覚が生まれる女性と違って、男性が父親になる自覚は遅め。出生前に自発的に考えて行動しづらいものです。保活に巻き込みながら、自覚や意欲を促しましょう。

NG「登園はあなたがやってよ」

OK「登園とお迎え、どっちならできる？」「この園、登園はパパ率90％らしいよ」

残業が多い夫にお迎えは当てにできないから「登園ぐらいは夫に」と思っても、頭ごなしに決めつけては反発されてしまいます。父親の役割を客観的にイメージさせる声がけがオススメです。

子育てと仕事の両立は、周りのサポート次第でグンと楽しく、ラクになります。夫や両親、職場の同僚などサポーターたちとうまくコミュニケーションがとれる声がけのポイントを紹介します。

●育児や家事を進んでやってほしい

NG「もう自分でやったほうが早いわ」「ちゃんと最後までやってよ！」

OK「おむつ替えてくれてありがとう！　今度はおしり拭きもしまってくれるとうれしい」

文句をつけてやる気をなくされては、自分の首を絞めるだけ。ダメ出しはグッと我慢し、まずは「ありがとう」の感謝の言葉を伝えてから、リクエストしましょう。次から「よし！　次は完璧にやるぞ」とやる気になってくれます。

両親へ

●おもちゃをすぐ買い与えないでほしい

NG「いくら泣いてせがまれても買わないで！」

OK「将来、ほしがれば叶うのが当然と思う子にしたくないの。だから誕生日とかのお祝い以外の日におもちゃはいらないよ」

どんな子どもに育ってほしいかというゴールを両親と共有することで、自分の子育ての方針に両親が寄り添ってくれるようになります。

職場へ

●急な休みをとった次の日に

ＮＧ「昨日はすみません。迷惑かけてばっかりで申し訳ありません」

ＯＫ「昨日はすみません。いつもサポートしていただいてありがとうございます。本当に感謝しています」

謝るのがＮＧというわけではありませんが、感謝の気持ちをしっかり伝えるほうが、相手は「迷惑かけられた」という印象から「役に立ててよかった」という気持ちが芽生えやすくなります。

●急な早退で、仕事を部下に依頼する時

ＮＧ「ほかの人は忙しそうだから、この仕事お願いできる？　○○さん仕事早いし」

ＯＫ「あなたなら急ぎでも的確で安心だから、この仕事お願いできる？」

実際の状況をそのまま伝えても相手のやる気は引き出せません。急な依頼なら特に、相手の能力を認めているからこそ依頼する、というスタンスが大切です。

EPILOGUE

自己内対話で〝自分の軸〟を育もう

「I'm OK, You are OK」

「みんな違って、みんないい」

そう言える、世の中をめざしていきましょう。

本書で、再三してきたお話です。めざす新しい時代に向け、女性のみなさんに、もっともっと輝いてほしい。そんな願いをこめ、みなさんに今日から実践してほしいことを、最後にお伝えしたいと思います。

ここまでいろんなお悩みにお答えしてきました。

これからも長い人生、もっといろんなことが起こるでしょう。そのなかには、いいこともあれば、残念ながら、思いがけずツライこともたくさんあるかもしれません。

ごめんなさい。脅しているわけではないんです。

けれど、今後、何が起ころうと、たとえ私や誰かのアドバイスがなくても、ひとりでしっかりと歩んでいっていただきたい。そのための武器を身につけてほしいのです。

では、その武器とは何か。

何が起こっても、決してグラグラしない〝自分の軸〟。

これこそが最強の武器。自身の経験からも、私はそう確信しています。

正しいとか、正しくないとかに関係なく、誰に何を言われようとも、「私はこれが大事だから、こう考え、行動するんだ」という覚悟とでもいうべきでしょうか。〝価値観〟〝判断基準のモノサシ〟と言いかえてもいいかもしれません。

なんだか「難しい……」話のようですが、やることはじつにシンプル。もう少し我慢してお付き合いくださいね。

何かあると、つい周囲の人に自分の気持ちを「わかってほしい」「察してほしい」と思ってしまう。それが女性脳の特性だということはお話しした通りです。その分、人の気持ちに寄り添う共感力が強いのはいいことですが、ネガティブな感情を「わかってほしい」となると、ちょっと厄介です。気持ちがブルーになるたびに、ダダ漏れ状態で周囲にブツけたらどうなるか。

会社内では、悪口を言った相手の耳に入ってしまうようなリスク、男性脳の人に話してもスルーされてしまうザンネンさ（笑）については、解説した通りです。

とはいえ、不満をためて、ためこんだ挙句、爆発しがちなのも女性脳の特性でしたよね。親しい女性の友人に話すのもいいですが、大人になれば、みんないろんな都合があります。いつでも話し相手として頼りにできるわけではありません。

ではどうするか。

他人に頼るのではなく、「自分の中で会話しましょう」。これが、**私自らも実践している〝自己内対話〟です**。自分の心の内にしっかりと向き合い、感情の整理をつける。いわばセルフマネジメント法です。

自分を知ることで本当に大事なものが見えてくる

たとえば、ワケもわからず、心がモヤモヤ、ザワザワしたとします。

そこで感情にフタをするのではなく、「なぜ自分はそう感じているのか」。納得いくまで、理由を自分に問いかけてみてください。

たとえば、次のような感じです。

「なんで、モヤモヤしてるんだろう」

「うーん……」

「そっか。会社で、あの人に言われたことにじつは傷ついてるのか」

「でも、どうしてそう思うんだろう?」

「過去に同じような人がいて、ああいう経験があって、それで悲しい思いをしたからだよね」

「そうか、だからか……」

(ひとりでこんなことをやるなんて、サビしすぎる……)

と、感じる人もいるかもしれません。

けれど、考えてみてほしいのです。

たとえば仕事でも、若い時は悩みを聴いて助言をしてくれる人がいても、いずれ誰も教えてくれなくなります。恋愛や結婚、そして育児となれば、〝あなたの正解〟を知っている人は誰もいません。そこで、よくわからないまま、無責任な外野の意見や感情に流されてしまうほど、危険なことはありません。

そう、結局、最後は自分なりに感情のケリをつけ、納得し、「じゃあ、こうしよう！」と決めて進んでいくしかないのです。

ここで、よりどころとなるのが〝自分の軸〟。先に触れた〝最強の武器〟ですね。そして、武器を作るための方法が「自己内対話」というわけです。

他人のことを「知りたい」と思ったら、まず話を聴きますよね。

自分だって同じです。自分のことは自分が一番わかっているようで、意外に知らないことのほうが多いもの。けれど、そんなの自分がかわいそうすぎると思いませんか。もっと自分を大事にしましょう！

感情の揺れ動きが起こったら、ほったらかしにしないこと。

目をそらすことなく、しっかりと心の内を見つめ、対話をしてください。

こうした〝自己内対話〟を続けていくことで、

どんな時に悲しくなるのか。

どんな時にうれしい気持ちになるのか。

本当に大事なものは何なのか。

自分の価値観、〝判断基準のモノサシ〟が見えてくるはずです。再三申し上げているように価値観やモノサシに、正しい、正しくない、あるいは優劣はありません。

「自分はこの価値観で判断していくんだ！」

そう決めて、決断、行動すれば、自分をしっかり肯定できるはずです。

つまり、「I'm OK」、**自分に「OK！（これでいいんだ）」とポジティブメッセージを発信できる**。誰かに判断をゆだねずに自分の人生に責任を持って生きていく、つまり〝自立〟にもつながるのです。

私自身、毎晩、浴槽につかりながら、この自己内対話をやっています。

あったかいお湯につかっていると、副交感神経のスイッチが入るせいか、「なんで、あの時、ムカッときたんだろう」などと、ネガティブな感情にも落ち着いて向き合い、ゆっくり考えられます。

こうして、バスルームから出るころには、身体も心もスッキリ。

ドロドロした思いも、翌日に持ち越すことが少なくなり、周りとのコミュニケーションもうまくいくようになったと思います。

もちろん、私だって、昔から自己内対話ができていたわけではありません。

ここでも、息子の存在が大きかったなあ、と思います。息子の発達障がいについて、当時、ネットの情報もなく、原因についても、よくわからないことばかりの状況でした。

けれど、〝犯人探し〟をしても仕方がありませんし、くよくよしても何も始まりません。

夫とも別れ、ひとりで「親として責任を取り、育てて行く覚悟があるのか? 覚悟があるなら、どうするべきか」。

弱い自分、逃げたくなるような感情も見つめ、自己内対話をしていくなかで、設定したゴールが「彼の自立」だったのです。

そして途中で何かが起きるたびに、自己内対話でどうするべきかを考え、くぐり抜けてきました。こうした作業をくり返すうちに、少しずつ自分が大切にしていくべきもの、判断基準のモノサシが確立してきたのです。

その点では、私の場合、グチを言ったり、相談したりするパートナーがいなかったのも、ある意味、幸いしたといえるかもしれません。

人生ってつくづくプラスマイナスゼロ、なんですね。

自分のモノサシがあれば、〝相手矢印〟の考えができる

また、自分の判断基準、モノサシを持つことは、決してわがままとイコールではありません。

私自身がそうでしたが、自分のモノサシが「私はこう」とクリアになれば、自分の考えや行動に自信のようなもの、つまり心の余裕が生まれます。

そうすると、「私はこう」だけど、「あなたはどう?」と、他人の価値観、モノサシにも理解を示すことができるようになる。**〝相手矢印〟で物事を考えるようになれる**というわけです。

ちなみに、今の夫は典型的な男性脳の持ち主ですが、息子のおかげで私に〝相手矢印〟のマインドが育まれたために、まったく異星人のような彼の考え方、価値観も受けとめられるようになりました。

もちろん、5年ほどの歳月が必要でしたが……(笑)。

これも息子が私に贈ってくれたかけがえのないギフトだと感謝しています。

また、「自分なりの〝モノサシ〟を持ちましょう」と申し上げているのは、時代の要請でもあります。

これまでの男性的価値観では、「自分がどう思うか」より、「会社のため」を重視し、それを自分のモノサシの基準とすることが正解とされてきました。

それが、業績向上や出世につながり、彼らの自己肯定感にもなってきたわけですね。

しかし、世の中が多様化するなかで、こうした画一的な価値観が生み出された商品やサービスでは、顧客ニーズに対応できなくなっています。

つまり、「自分のモノサシはコレだけど、あの人はドレ？」という、多様性を認め合い、理解し合えるいくつものモノサシが求められるようになっているのです。

ここで求められているのが、**自分の思い（主観）を大事にしながら、人の思いに寄り添うことをも得意とする女性脳的価値観**です。

こうした女性脳的価値観と、男性脳が強みとするビジネススキルを掛け合わせていけば、今までにないサービスや、商品が生まれ、もっとワクワクする世の中になるのでは、と私は期待しています。

この本では、男性脳と女性脳の違いについて、たくさん触れてきました。

くり返しになりますが、どっちがいい、悪いの話ではありません。

だから、誤解してほしくないのは、組織の中で生きていくということは、決してあなたらしさ、個性を捨てるということではないのです。

自分の軸、価値観は「みんな違って、みんないい」のです。

もちろん今は、男性脳的価値観が主流の会社が多いのも現実です。女性が胸を張って「自分のモノサシはこれだ」と言えるのには多少の時間が必要かもしれません。けれど、時代は確実に変わります。だからこそ、少しの勇気と男性脳攻略法を武器に、私たちから、相手の価値観に歩み寄ってみましょう。そう、**〝相手矢印〟で相手に「花を持たせ」、最後は「実をとる」作戦**です。

そして、〝自己内対話〟で自分の感情を上手に整理し、

「ともかく、明日は元気に働こう」

と、思える前向きで素敵な大人女性が増えていってほしい。

その先にこそ、誰にとってもハッピーな世の中が待っている。

心の底からマジメに、私はそう信じています。

この本を出版するにあたって、「すべての女性が自身の特性を発揮して社会に貢献できる世の中に」という想いを一つにして働いてくれている株式会社Ｗｏｏｍａｘのメン

バー、佐野愛子の知識や智慧、松本昌子のパワフルさとチャレンジ精神が、本書にたくさん反映されています。2人には本当に感謝しています。ありがとうございます。

そして、私の志事に対して応援してくれている家族にも感謝を伝えたいと思います。いつもどうもありがとう。

また、いつも伝えていることの中核の一つ、ソリューションフォーカスの師である青木安輝先生に、改めて、心からの敬意と感謝を申し上げます。

最後に、この本の制作に、まさに女性のチカラを最大化にしながらご尽力いただいた村松千絵氏、大曽根薫氏、大沢玲子氏にもこの場を借りて厚くお礼申し上げます。

本書を手に取ってくださったみなさまが、自分のキャリア（人生そのもの）を考える時に、この本に書いてあることが少しでもお役に立てば幸いです。

二〇一六年一月吉日

株式会社Ｗｏｏｍａｘ代表取締役　竹之内幸子

[著者]
竹之内幸子（たけのうち・ゆきこ）
株式会社Woomax（ウーマックス）代表取締役。
大学卒業後、石油会社に入社。中小企業でアカウンティング業務を経験した後、営業支援コンサルタントとして全国300社のクライアントの課題解決に携わる。研修会社で人財育成コンサルトを務め、2012年８月に独立。働く女性の力を最大限に活かすスキルとマインドをサポートする、株式会社Woomaxを設立。
官公庁、企業での「女性リーダー研修」「復職者研修」「管理職研修」等の講座を多く受け持ち、ダイバーシティを推進していくための女性活躍におけるサポートをすすめている。
著書に『なぜ女性部下から突然辞表を出されるのか』（幻冬舎）がある。
http://www.woomax.net

思い通りの人生に変わる 女子のための仕事術
──会社では教えてくれない女性のためのビジネス作法とルール36

2016年１月15日　第１刷発行

著　者──竹之内幸子
発行所──ダイヤモンド社
〒150-8409　東京都渋谷区神宮前6-12-17
http://www.diamond.co.jp/
電話／03･5778･7235（編集）　03･5778･7240（販売）

ブックデザイン─BLUE DESIGN COMPANY
撮影────三好宣弘
ヘアメイク─伊荻ユミ
製作進行──ダイヤモンド・グラフィック社
印刷────信毎書籍印刷（本文）・共栄メディア（カバー）
製本────本間製本
編集協力──村松千絵（Cre-Sea）、大沢玲子
編集担当──大曽根薫

ISBN 978-4-478-06658-4